A desconsideração da personalidade jurídica na Justiça do Trabalho
- Uma nova abordagem -

Rodrigo Saraiva Marinho
Presidente do Instituto Liberal do Nordeste – ILIN

A DESCONSIDERAÇÃO DA PERSONALIDADE JURÍDICA NA JUSTIÇA DO TRABALHO
- UMA NOVA ABORDAGEM -

São Luís
2015

Copyright © 2015
by *Rodrigo Saraiva Marinho*

A desconsideração da
personalidade jurídica
na Justiça do Trabalho
- *uma nova abordagem* -

Editor
José Lorêdo Filho

Revisão
Gustavo Nogy

Capa, Projeto Gráfico
e Diagramação
Caroline Rêgo

Instituto Ludwig von Mises Brasil
Rua Iguatemi, 448, cj. 405 – Itaim Bibi,
01451-010, São Paulo - SP,
+(5511) 3704-3782
contato@mises.org.br
mises.org.br

Livraria Resistência Cultural Editora
Av. dos Holandeses, 02, Qd. 09,
Calhau, 65071-380, São Luís - MA,
(98) 3235-0879
contato@resistenciacultural.com.br
resistenciacultural.com.br

Prefácio 12

Introdução 16

1. **A Pessoa Jurídica e a Desconsideração da** 20
   Personalidade Jurídica
   1.1 A pessoa jurídica 20
   1.2 Efeitos da Personificação 25
   1.3 Sociedades Empresárias 30
   1.4 Antecedentes históricos e evolução do conceito 34
   de Desconsideração da Personalidade Jurídica no Brasil
   1.4.1 Distinção entre a Desconsideração da Personalidade Jurídica 42
   e os Casos de Responsabilização Direta
   1.4.2. Procedimento da Desconsideração da Personalidade Jurídica 50
   no Anteprojeto do Novo Código de Processo Civil
   1.5 O abuso de Direito Processual e a sua Relação com a 52
   Desconsideração da Personalidade Jurídica
   1.6 A Desconsideração da Personalidade Jurídica na Justiça do Trabalho 54

2. **A Escola Austríaca de Economia** 66
   2.1 Fundamentos da Escola Austríaca 68
   2.2 Carl Menger, a Teoria do Valor Subjetivo e a Lei da Utilidade Marginal 70
   2.3 Ludwig von Mises e a Praxeologia 77
   2.4 Friedrich August von Hayek, a Liberdade e a Lei, e a Ordem Espontânea 88
   2.5 Israel M. Kirzner e a Função Empresarial 99

3. **A Análise Econômica da Desconsideração da** 108
   Personalidade Jurídica
   3.1 O Valor Subjetivo do Empreendedor 108
   3.2 A Função Empresarial do Empreendedor 117
   3.3 A Liberdade e a Lei, a Ordem Espontânea e a 121
   Desconsideração da Personalidade Jurídica
   3.4 A Praxeologia da Desconsideração da Personalidade 126
   Jurídica na Justiça do Trabalho e a sua consequência para o mercado
   3.5 A Correta Praxeologia para Aplicação da 131
   Desconsideração da personalidade Jurídica

Conclusão 138

Notas 143

Referências 147

Agradecimentos

A Deus, por todas as bênçãos que derramou sobre a minha vida. Aos meus pais, Célio e Ilca Marinho, que tanto lutaram pela minha educação. Posso lhes dizer que grande parte da realização dos meus sonhos se devem ao seu exemplo de casal que soube como poucos enfrentar as adversidades da vida.

À minha amada esposa Karyna Gaya, parceira de todos os projetos, vibrando com cada conquista, sendo mãe zelosa, compartilhando sonhos e objetivos, e sendo compreensiva com a importância que o presente trabalho tem na minha vida, auxiliando ainda com toda paciência na sua revisão.

Aos meus filhos Pedro e Arthur, pois não existe nada melhor do que a presença dessas pessoas na minha vida. Eles tornam tudo mais bonito e provam que a maior benção de uma vida é ser pai.

À minha querida equipe do Marinho e Associados – Advocacia Empresarial, porque sem a paciência e o comprometimento de todos vocês esse trabalho não seria possível.

Ao amigo e Professor Dr. Nestor Eduardo Araruna Santiago, pelo apoio e incentivo para vir a ser parte do corpo discente do programa de pós-graduação da UNIFOR.

À Professora. Dra. Uinie Caminha, pela busca da excelência e pelas orientações necessárias na busca de melhorar esse trabalho. Todos os seus conselhos foram ouvidos e apreendidos. Sou muito honrado por ser seu orientando.

Ao Professor Ubiratan Jorge Iório, que é o meu exemplo de professor e que espero ter ao meu lado por muito tempo ainda.

Ao amigo Hélio Beltrão, sem o seu trabalho não seria possível que essa dissertação fosse finalizada.

Ao Grupo de Estudos Dragão do Mar – tenho muito orgulho de fazer parte do melhor e maior grupo liberal do Brasil.

Ao Instituto Liberal do Nordeste, que esse sonho seja sonhado por todos os nordestinos que lutam por uma região mais rica. Tenho certeza de que chegará o dia em que nenhum nordestino dependerá da esmola estatal.

Ao Instituto Mises Brasil, do qual tenho a honra de ser conselheiro, agradeço por cada livro, por cada artigo. Tenham a certeza de que o trabalho desenvolvido nesses anos fez muito por todos que acreditam na liberdade. Estou certo de que ajudaremos a construir um Brasil livre e próspero.

A todos aqueles que lutaram e lutam por liberdade no Brasil e no mundo.

Prefácio
Uinie Caminha

A questão da responsabilidade empresarial não é nova, pois, em última análise, o que se pretende responder com essa discussão é: quem corre os riscos da atividade empresarial? Se encararmos essa questão de acordo com o senso comum, a resposta seria: do empresário. E se acrescentarmos ainda um pouco mais do tempero político em voga no Brasil, teríamos: como o empresário tem direito aos lucros, deve também ter toda a responsabilidade.

Assim, como consequência lógica, afirmaríamos que os empresários devem arcar com toda e qualquer responsabilidade pecuniária, contratual, extracontratual, independentemente de a lei afirmar o contrário.

Essa tem sido a lógica por trás de muitas medidas jurídicas em nosso país, e mais especificamente, do instituto sob análise nesta obra: a desconsideração da personalidade jurídica.

Todavia, a questão não pode ser respondida dessa forma: primeiro, porque parte de premissa errada, ou seja, de que o empresário tem direito a todo resultado benéfico de sua atividade (e, portanto, deveria também arcar com o "maléfico"); segundo, porque as consequências desse pensamento podem levar – como, de fato, tem levado no Brasil – a um desestímulo constante ao empreendimento de atividades empresárias de maneira regular.

Tem-se que a limitação de responsabilidade do empreendedor,

por meio da escolha da forma societária adequada, possibilitou, em grande parte, o desenvolvimento econômico mundial.

A premissa de que o empresário é titular e destinatário de todo o resultado positivo de sua atividade é desmentida de maneira simples, porém contundente: basta constatarmos a quantidade de leis, em sentido amplo, que o empresário deve cumprir previamente e no curso de sua atividade, a carga tributária à qual se sujeita; as exigências assistencialistas que tem que cumprir e os trâmites burocráticos enfrentados por aqueles que tentam cumprir a lei à risca.

Some-se a isso o fato de que a tão ambígua função social da empresa é invocada constantemente para justificar decisões judiciais que impõem mais custos aos empresários, mesmo que não previstos em lei.

Por outro lado, não é preciso de apurada análise científica para concluir que esses fatores, gerando desincentivo à atividade produtiva, reduz a produção de riqueza no país, piorando, portanto, a qualidade de vida de todos. Se não há atividade produtiva, não há geração de riquezas que sustente as despesas, especialmente vultosas no gigantesco Estado brasileiro.

Assim, tratar-se a desconsideração da personalidade com a mera atribuição de responsabilidade aos empresários por compromissos contratuais ou extracontratuais é, ao contrário da premissa inicial, socializar os resultados positivos e concentrar os riscos.

Essa análise, todavia, não será bem sucedida se forem utilizados apenas instrumentos jurídicos, tendo em vista que sempre esbarraríamos em subjetividades e incertezas. São elas, a propósito, que contribuem para a diminuição da concorrência e aumento de preços: em um ambiente de incerteza, o retorno esperado de qualquer investimento é bem maior, tendo em vista os riscos envolvidos, por vezes nem sequer mensuráveis.

O presente trabalho procura, de maneira inovadora, analisar a desconsideração da personalidade jurídica sob o ponto de vista econômico, mais especificamente sob o ponto de vista da Escola Austríaca de Economia.

Procura demonstrar, de maneira bastante sistematizada, como a utilização deturpada de um instrumento jurídico pode desvirtuar seus pressupostos e objetivos originários.

No que se refere ao recorte temático, o autor escolhe a Justiça do Trabalho como "laboratório" de suas hipóteses teóricas, o que se justifica, posto que é nesse ambiente que a desconsideração da personalidade jurídica se dá de maneira mais constante e acintosa.

De maneira didática, o autor traz nesta obra, que tem por base sua dissertação de mestrado da Universidade de Fortaleza, uma abordagem inédita da desconsideração da personalidade jurídica, sendo, por isso mesmo, ousada. Utilizando-se do estudo das ações humanas – praxeologia, base das premissas da Escola Austríaca de Economia –, analisa a origem, fundamento e evolução da aplicação da desconsideração da personalidade jurídica no Brasil.

A publicação é de grande importância para nosso Direito, pois quanto mais obras jurídicas desafiem o senso comum, mais teremos chance de romper os preconceitos que impedem o desenvolvimento econômico do Brasil.

Fortaleza, janeiro de 2015

Introdução

Nas sociedades contemporâneas – de relações institucionais crescentemente complexas e mutáveis – a relação entre Direito e Economia é cada vez mais relevante. O diálogo entre as duas ciências permite o entendimento mais acurado acerca das consequências dos processos econômicos nas relações jurídicas, bem como, em contrapartida, a interferência dos atos jurídicos nas relações econômicas.

O presente trabalho tem por objetivo fazer a análise econômica da desconsideração da personalidade jurídica na Justiça do Trabalho sob a perspectiva da Escola Austríaca de Economia, demonstrando quais as consequências econômicas da má aplicação do instituto para os empreendedores.

A ação dos empreendedores no Brasil é amparada constitucionalmente pelo princípio da livre iniciativa, sendo um dos fundamentos da República Federativa do Brasil, conforme o artigo 1o, da Constituição Federal de 1988:

> Art. 1º A República Federativa do Brasil, formada pela união indissolúvel dos Estados e Municípios e do Distrito Federal, constitui-se em Estado Democrático de Direito e tem como fundamentos:
> [...]
> IV - os valores sociais do trabalho e da livre iniciativa [...].

Esse princípio é repetido no artigo 170 do referido diploma que estabelece a ordem econômica do país, segundo a qual devem ser observados os seguintes institutos – entre eles, o da propriedade privada e da livre concorrência:

Art. 170. A ordem econômica, fundada na valorização do trabalho humano e na livre iniciativa, tem por fim assegurar a todos existência digna, conforme os ditames da justiça social, observados os seguintes princípios:
I - soberania nacional;
II - propriedade privada;
III - função social da propriedade;
IV - livre concorrência;
V - defesa do consumidor;
VI - defesa do meio ambiente, inclusive mediante tratamento diferenciado conforme o impacto ambiental dos produtos e serviços e de seus processos de elaboração e prestação;
VII - redução das desigualdades regionais e sociais;
VIII - busca do pleno emprego;
IX - tratamento favorecido para as empresas de pequeno porte constituídas sob as leis brasileiras e que tenham sua sede e administração no País.
Parágrafo único. É assegurado a todos o livre exercício de qualquer atividade econômica, independentemente de autorização de órgãos públicos, salvo nos casos previstos em lei.

O exercício da atividade empresária depende da livre iniciativa, e seu desenvolvimento encontra guarida na associação voluntária entre empreendedores. A criação de sociedades empresárias é uma das formas em que a livre iniciativa se apresenta, com o fim precípuo de facilitar a criação de riqueza e a geração de empregos, o oferecimento de produtos e serviços.

Aceita a premissa da livre iniciativa, a investigação se concentra nas consequências econômicas da aplicação da desconsideração da personalidade jurídica na justiça do trabalho. Tal análise será engendrada sob os conceitos e as bases teóricas da Escola Austríaca de Economia, ainda pouco conhecida universidade brasileiro, especialmente nos cursos jurídicos. Os ensinamentos de Carl Menger, Ludwig von Mises, Friedrich von Hayek e Israel Kirzner serão apreciados cuidadosamente.

A pesquisa que ora se apresenta é caracterizada por ser do tipo bibliográfica, mediante consultas a fontes legislativas e doutrinárias, bem como o levantamento de informações em periódicos, boletins, revistas especializadas e documentos. Foram utilizadas como fontes legislativas a Constituição Federal e diversas legislações federais.

Além disso, cuidamos de um estudo dentro do possível exaustivo da jurisprudência da Justiça do Trabalho sobre a aplicação da desconsideração da personalidade jurídica.

1. A pessoa jurídica e a desconsideração da personalidade jurídica

Uma das formas de manifestação da livre iniciativa é a associação entre os empreendedores, sendo a pessoa jurídica uma das formas em que pode ser exercida. A criação da pessoa jurídica se deu mediante um longo processo civilizatório que permitiu que a sociedade se desenvolvesse.

1.1 A pessoa jurídica

O estado natural do homem é a pobreza (MISES, 2010, p. 206)[1]. Apesar disso, o indivíduo humano houve por bem desenvolver ampla capacidade de melhorar as suas condições de vida ao buscar satisfazer as próprias necessidades. Dentre as ferramentas aptas a modificar a precariedade da circunstância humana, pode-se citar a associação voluntária, com intuito de unir esforços para aliviar a sua própria insatisfação individual (MISES, 2010, p. 576).

De acordo com jurista e filósofo Pontes de Miranda (1954, p. 55), a "pessoa é o titular do direito, o sujeito de direito. Personalidade é a capacidade de ser titular de direitos, pretensões, ações e exceções e também ser sujeito (passivo) de deveres, obrigações, ações e exceções".

O conceito de *pessoa jurídica*, em sua acepção moderna, não era conhecido no Direito Romano. Os romanos entendiam que, nas sociedades, cada indivíduo era titular de uma parte dos bens daquele patrimônio pertencente a várias pessoas, não reconhecendo a pessoa jurídica, portanto, como uma espécie de entidade abstrata. Somente no direito do chamado período clássico representados, em regra, pelos primeiros duzentos e cinquenta anos do período cristão, os romanos conceberam a existência de um ente intangível – o Estado ou *populus romanus*.

Tal conceito ganha contornos elaborados já no Direito pós-clássico, apesar de a existência de independência da pessoa jurídica relativamente à pessoa do sócio encontrar esteio na Idade Média, diante da necessidade de a Igreja Católica proteger seu conjunto de bens. O patrimônio pertencia à Igreja; assim, quando do falecimento de algum padre ou bispo, seus haveres não eram transmitidos para nenhum possível herdeiro, pois a propriedade pertencia ao Templo (READ, 2001, p. 68).

Neste sentido, Cristiano Chaves de Farias e Nelson Rosenvald reafirmam a ideia de que o Direito Canônico medieval, para atender às necessidades de organização da Igreja Católica, é o responsável pelo desenvolvimento e o alargamento do conceito de personalização de entidades coletivas (CHAVES DE FARIAS, 2008, p. 263).

Os glosadores medievais foram os precursores da sistematização da matéria, principalmente no século XIV, distinguindo a *coletividade* de seus integrantes, e admitindo-a capaz de diversas ações. Posteriormente, os canonistas avultaram a noção de *persona ficta*, uma pessoa distinta do grupo. Tal concepção permitiu uma maior relação de trocas no comércio. Segundo Fran Martins (2000, p. 6), "tal incremento tomou o comércio da Idade Média que, os que o praticavam se reuniram em corporações, criando suas próprias leis e tendo jurisdição particular. Elegiam um juiz, que dirimia as contendas, o cônsul, e este se guiava pelos usos e costumes adotados pelos comerciantes".

Marcos Bernardes de Mello (2003, p. 154) destaca que "pessoas jurídicas são entidades criadas pelo homem, às quais o ordenamento jurídico atribui personalidade jurídica". Na época moderna, a *persona ficta* passa a ser intitulada "comunidades ou corporações", sob a influência da doutrina jusnaturalista.

No Brasil, a criação das sociedades comerciais se deu em 1850 com a Lei nº 556, o Código Comercial, que disciplinava a profissão do comerciante brasileiro e a sua atuação na atividade mercantil em âmbito nacional ou internacional. Ainda assim, não existia a figura da pessoa jurídica nessa acepção moderna.

Segundo Visconde de Cairu (1819), antes do aparecimento do Código Comercial, a noção de *sociedade* se limitava ao sentido de que a "sociedade mercantil é propriamente a parceria que se faz entre comerciantes para alguma especulação de comércio ou exercício do tráfico, em grosso ou em miúdo".

Ou seja, não havia ainda no Brasil sociedades comerciais organizadas na forma proposta no Código Comercial brasileiro.

Enquanto algumas teorias negam a existência da pessoa jurídica, ignorando a possibilidade de uma associação formada por um grupo de indivíduos ter personalidade, outras procuram explicar esse fenômeno como um aglomerado de pessoas em que se constitui uma unidade orgânica, com individualidade própria e distinta dos indivíduos que a compõem, sendo, portanto, exercício qualificado da atividade do empresário como uma nova categoria jurídica (BULGARELLI, 1995, p. 132).

As teorias negativistas desconhecem a possibilidade de existência da pessoa jurídica. Para elas, a pessoa jurídica não tem existência real e nem ideal, consistindo apenas na reunião de algumas pessoas físicas para fins de negócio.

A Teoria da Ficção Jurídica, criada por Savigny, prevaleceu na Alemanha e na França no século XVIII. De acordo com essa doutrina, somente o homem pode ser titular de direitos e de deveres, pois só ele tem existência real e psíquica. Por esta razão, surge uma criação artificial da lei visando facilitar a função de determinados entes para o exercício de direitos patrimoniais.

A teoria de Savigny sofreu críticas contundentes por conta de sua proposição do Estado como sujeito de direito, pois não conseguiu explicar quem o investiu dessa capacidade – uma vez que é o próprio Estado que atribui personalidade aos entes.

As teorias realistas – que se contrapõem às ficcionistas – preponderam. Também chamadas de realidade objetiva ou orgânica, as pessoas jurídicas são tidas como realidade social. Essa teoria, conforme Vicente (1952, v. 2, p. 240), "sustenta que a vontade, pública ou privada, é capaz de criar e de dar vida a um organismo, que passa a ter existência própria, distinta da de seus membros, tornando-se um sujeito de direito, com existência real e verdadeira".

A doutrina da realidade é apresentada por Ferrara (1958, p. 32) e destaca que a personalidade jurídica – tanto individual quanto coletiva – é propriamente uma categoria jurídica, não podendo ser compreendida como ficção.

Vicente Rao (1952, v. 2, p. 241) observa que essa doutrina é dominante entre os modernos autores franceses. Entretanto, seus adeptos divergem quanto ao modo de apreciar essa realidade, originando outras acepções, dentre as quais se destacam:

1. **Teoria da realidade jurídica ou institucionalista:** considera as pessoas jurídicas como organizações sociais destinadas a um serviço ou ofício, dotadas de ordem e organização próprias.
2. **Teoria da realidade técnica:** segundo seus adeptos, a personificação dos grupos sociais é expediente de ordem técnica. O Estado lhes outorga personalidade para poderem participar da vida jurídica nas mesmas condições das pessoas naturais.

As teorias da realidade foram acolhidas no nosso sistema jurídico. O entendimento é de que são as que melhor explicam o fenômeno pelo qual um grupo de pessoas, com objetivos comuns, pode ter personalidade própria, que não se confunde com a de cada um de seus membros e a que melhor segurança oferece, como se depreende do artigo 45, do Código Civil, in verbis: "Art. 45. Começa a existência legal das pessoas jurídicas de direito privado com a inscrição do ato constitutivo no respectivo registro, precedida, quando necessário, de autorização ou aprovação do Poder Executivo, averbando-se no registro todas as alterações por que passar o ato constitutivo."

A pessoa jurídica tem existência com a inscrição de seu ato constitutivo no órgão competente. Dessa forma, ela tem vida e atuação jurídico-social, embora sua personificação seja criação da técnica jurídica. Tal situação permite que a sociedade empresária possa exercer a atividade criadora de riqueza e de bens ou serviços patrimonialmente valoráveis para o mercado consumidor (ASCARELLI, 1964, p. 152).

A teoria da realidade técnica imagina as pessoas jurídicas como organizações sociais que, por se destinarem a preencher finalidades de cunho socialmente útil, são personificadas. Para Hauriou, segundo Rao (1952, v. 2, p. 243): "Uma instituição dá ideia de obra, de empresa que se desenvolve, realiza e projeta, dando formas definidas aos fatos sociais. A vida interior da pessoa jurídica revela-se por meio das decisões dos órgãos diretores. Ao exercer a atividade exterior, como a aquisição de bens, empréstimos etc., a pessoa age como pessoa jurídica."

Para que isso ocorra, os homens, em dado momento, necessitam se unir ordenadamente para obterem êxito em um determinado fim. A pessoa jurídica teria essa finalidade e com isso propiciaria a geração de maior riqueza e prosperidade.

1.2 Efeitos da Personificação

A personalidade é a aptidão genérica para adquirir direitos e contrair obrigações ou deveres na ordem civil e criminal. Na concepção de Carvalho de Mendonça (1953, Livro 2, parte 3, item 601): "A pessoa jurídica é a unidade jurídica, resultante da associação humana, constituída para obter, pelos meios patrimoniais, um ou mais fins, sendo distinta dos indivíduos singulares e dotada da capacidade de possuir e de exercer *adversus omnes* direitos patrimoniais".

A personalidade é qualidade inerente da pessoa, seja ela física [natural] ou jurídica. Segundo Rodrigo Rabelo Tavares Borba (2011, p. 372):

> A personalidade confere a seu titular a aptidão genérica para adquirir direitos e contrair obrigações. Uma vez que as sociedades, nas suas origens, não tinham tal atributo, o que se tinha, com efeito, era uma copropriedade, com uma administração comum. A sociedade daquele período nada mais era do que um patrimônio destinado pelos sócios ao desenvolvimento de uma atividade mercantil comum. Não eram as sociedades que adquiriam direitos e contraíam obrigações, mas sim os sócios, pessoal e solidariamente. Assim, qualquer dívida da sociedade poderia ser cobrada de qualquer sócio, pois a sociedade, para o direito, não existia.

Com o advento do Código Comercial de 1850 e o Código Civil de 1916, pacificou-se o entendimento de que as pessoas jurídicas possuem personalidade jurídica própria, tendo sido um grande avanço para a evolução das sociedades empresárias (BORBA, 2011, p. 372):

> Depois de muito se digladiarem os doutrinadores acerca da presença ou da ausência de personalidade nas sociedades, o Código Civil de Clóvis Beviláqua pôs um ponto final na questão, ao determinar que as sociedades são pessoas jurídicas, possuidoras, portanto, de personalidade jurídica.

Com a personificação das sociedades, operou-se uma verdadeira revolução no modo de ver a entidade. Da concessão desse atributo, decorreu uma inexorável cisão de identidade entre os sócios e sua sociedade. A partir de então, a sociedade tornou-se uma entidade com vida própria, independente e, em alguns casos, com interesses até diversos dos de seus sócios.

Segundo o filósofo americano Richard Posner (1992, p. 393/397), a personificação das sociedades comerciais se dá por meio de contrato social. É um *standart contract*, um padrão a ser seguido, devendo ser a personificação das sociedades comerciais uma cláusula geral do contrato, diminuindo dessa forma os custos de transação (POSNER, 2012)[2].

Esses custos de transação são explicados no Teorema de Coase, apresentado por Ronald Coase no artigo "O Problema do Custo Social", que afirmava o seguinte (POSNER, 2009, p. 429) que "se os custos de transação são iguais a zero, a primeira atribuição de um direito de propriedade (por exemplo, seja para o poluidor, seja para a vítima da poluição) não afetará a eficiência com que os recursos são alocados".

Ainda de acordo com Posner (2009, p. 429-410), "a principal importância do teorema está em voltar a atenção dos economistas a uma faceta esquecida – mas muito importante – do sistema econômico; a saber: os custos de transações de mercado. Sob a forma de hipótese (se os custos de transação são baixos, a atribuição de direitos e responsabilidades pela lei provavelmente não afeta significativamente a alocação de recursos)".

Raquel Stajn afirma (2006, p. 199):

> Atividade econômica organizada, profissionalmente exercida, destinada a mercados e com escopo de lucro são os elementos marcantes da noção de empresa. Que a organização se faça mediante contratos leva a indagar sobre a relação necessária e suficiente entre contratos e atividade. Partindo do fato de

que empresas e contratos mantêm relação indissolúvel, parece óbvio que resolver unilateralmente (ou por decisão judicial) certos contratos pode implicar riscos para a continuidade da atividade. Daí que a preservação das empresas há de ter como pressuposto a necessidade de preservação de alguns contratos, o que conduz ao desenho, as regras predispostas na lei ou pelas partes, à existência de incentivos que, em face de mudanças imprevistas induzam à renegociação de forma a preservar a organização e a atividade exercida.

Dizer que as empresas são feixes de contratos que organizam, de forma a reduzir custos de transação, a produção de bens e serviços para mercados não equivale a afirmar que serão sempre estruturadas sob forma de sociedade. Isto a doutrina italiana já admitiu; um feixe de contratos que garante domínio, direito de uso, dos fatores da produção por períodos longos de tempo é o que caracteriza essa organização denominada empresa. A viabilidade econômica da atividade é, entre outras razões, uma das que justificam a reorganização de empresas em crise, o que envolve renegociação de contratos, sobretudo os de longo prazo e execução continuada.

O contrato social permite antecipar as consequências e limites de se criar uma pessoa jurídica e os riscos que envolvem tal ato, para que se tenha um resultado ótimo nas relações firmadas entre os futuros contratantes da pessoa jurídica.

Um dos efeitos da personificação da pessoa jurídica é o *nome empresarial*. Assim como a pessoa natural – com a ressalva de que a pessoa natural somente possui o nome para se identificar – a pessoa jurídica também precisa ser reconhecida com um nome que tenha por função identificar e diferenciar uma pessoa da outra.

O Código Civil dedica todo um capítulo com o título "Do Nome Empresarial", que vai do artigo 1.155 até 1.168, para tratar desse tema, em especial, destacando, logo no artigo 1.155, como os nomes empresariais podem ser usados:

Art. 1.155. Considera-se nome empresarial a firma ou a denominação adotada, de conformidade com este Capítulo, para o exercício de empresa.
Parágrafo único. Equipara-se ao nome empresarial, para os efeitos da proteção da lei, a denominação das sociedades simples, associações e fundações.

O nome empresarial tem relação direta com o princípio da livre concorrência, de acordo com o art. 170, IV, da Constituição Federal de 1988 (CAMPOS, 1936, p. 63-73), uma vez que permite a identificação da sociedade empresária e sua necessária diferenciação com as outras sociedades.

Segundo Campos (1936, p. 63-73), "a função diferenciadora do nome constitui, a um só tempo, o fundamento e o limite de sua proteção". É importante ressaltar que o nome empresarial, que não se confunde com o título de estabelecimento e a marca[3], pode apresentar a forma de firma ou denominação (art. 1.155 do Código Civil Brasileiro).

A personificação confere à sociedade nacionalidade própria, ou seja, independente da nacionalidade de seus sócios e, também o seu próprio domicílio, que diverge do domicílio dos sócios, e deve ser apontado nos atos constitutivos.

O principal efeito da personificação é a separação patrimonial, que permite aos empreendedores limitar seu risco, conseguindo assim, calcular os seus custos e eventuais prejuízos, em uma tentativa de minimizar custos de transação, já que não precisariam negociar a limitação da sua responsabilidade caso a caso.

Nesse sentido, Pontes de Miranda (2000, v. 1, p. 353) propõe que "ser pessoa é ser capaz de direitos e deveres. Ser pessoa jurídica é ser capaz de direitos e deveres, separadamente; isto é, distinguidos o seu patrimônio e o patrimônio dos que a compõem, ou dirigem".

José Tavares (1924, p. 148) destaca que o sócio pode administrar seus bens livremente, todavia, os bens da sociedade pertencem a ela e somente poderão ser administrados nos termos dos seus atos constitutivos, uma vez que deve haver clara autonomia entre os sócios e a pessoa jurídica:

> O patrimônio coletivo da sociedade e os patrimônios particulares dos sócios têm respectivamente o seu regime autônomo, separado e independente. O patrimônio particular do sócio, estranho à sociedade, é por ele livremente administrado. Pelo contrário, a administração do patrimônio social só pertence à pessoa jurídica da sociedade, nas condições fixadas no estatuto ou contrato da sua formação, ou determinadas pela lei, que simultânea e subsidiariamente regula a sua constituição e vida.

Carvalho de Mendonça (1963, p. 104-105) destaca um dos principais efeitos da personificação, qual seja, a separação patrimonial:

> As sociedades têm patrimônio seu, distinto do patrimônio de cada sócio [...] Nenhum deles pode utilizar em proveito próprio os bens sociais nem são obrigados a concorrer com as despesas necessárias para a sua conservação, nem lhes é permitido pedir arbitrariamente a divisão [...]. Os credores particulares dos sócios, nenhum direito têm sobre esse patrimônio, ainda no caso de falência; não podem perturbar a marcha da sociedade.

O princípio da autonomia patrimonial tinha expressa previsão legal no artigo 20, do Código Civil de 1916, que afirmava que "as pessoas jurídicas têm existência distinta da dos seus membros".

Esse dispositivo legal não foi repetido no Código Civil de 2002. Entretanto, isso não quer dizer que o princípio da autonomia não conste no Código. O artigo 50, que regula a desconsideração da personalidade jurídica, pela lógica contrária, positivou a autonomia patrimonial:

> Art. 50. Em caso de abuso da personalidade jurídica, caracterizado pelo desvio de finalidade, ou pela confusão patrimonial,

pode o juiz decidir, a requerimento da parte, ou do Ministério Público quando lhe couber intervir no processo, que os efeitos de certas e determinadas relações de obrigações sejam estendidos aos bens particulares dos administradores ou sócios da pessoa jurídica.

Ratificando esse entendimento, Rodrigo Rabelo Tavares Borba (2011, p. 374-375) afirma o seguinte:

> O princípio da autonomia patrimonial permanece com sua força inalterada basicamente por duas razões. Primeiro porque, como se pode depreender das citações acima transcritas, tal princípio constitui um dos mais importantes pilares do direito societário. Segundo porque, com base em uma interpretação a contrário senso do art. 50 do CC/02, observa-se que o princípio da autonomia patrimonial permanece intocado, pois, se somente é possível atingir o patrimônio dos sócios ou administradores se for aplicada a teoria da desconsideração, é porque o patrimônio da sociedade tem autonomia e independência.

O artigo 40, do Código Civil, aponta os tipos de pessoas jurídicas no direito brasileiro: "as pessoas jurídicas são de direito público, interno ou externo, e de direito privado". Nesta pesquisa somente serão analisadas as sociedades empresárias de direito privado de responsabilidade limitada, como, por exemplo, as sociedades por quotas de responsabilidade limitada e as sociedades anônimas. Não interessa, portanto, para o propósito deste estudo, as sociedades simples, fundações, entidades que não tem personificação, como os fundos de investimento e as sociedades de responsabilidade ilimitada.

1.3 Sociedades Empresárias

A constituição de uma sociedade empresária é um negócio jurídico e portanto sujeita-se aos requisitos de validade. Dessa forma, é necessário demonstrar quais são as condições necessárias para a validade de um negócio jurídico, com a finalidade de estabelecer os pré-requisitos indispensáveis para a criação de uma sociedade empresária.

São requisitos genéricos fundamentais para a validade de qualquer negócio o *agente capaz*, o *objeto lícito* e a *forma prescrita ou não defesa em lei*, conforme o artigo 104, do Código Civil.

O Código Civil, em seus artigos 3º e 4º, dispõe sobre quem teria capacidade para o negócio jurídico:

Art. 3. São absolutamente incapazes de exercer pessoalmente os atos da vida civil:
I – os menores de 16 (dezesseis) anos;
II – os que, por enfermidade ou deficiência mental, não tiverem o necessário discernimento para a prática desses atos;
III – os que, mesmo por causa transitória, não puderem exprimir sua vontade.
Art. 4. São incapazes, relativamente a certos atos, ou à maneira de os exercer:
I – os maiores de 16 (dezesseis) e menores de 18 (dezoito) anos;
II – os ébrios habituais, os viciados em tóxicos, e os que, por deficiência mental, tenham o discernimento reduzido;
IV – os pródigos;

O ato praticado pelo absolutamente incapaz sem a devida representação é nulo, conforme o artigo 166, I, do Código Civil, e o realizado pelo relativamente incapaz sem assistência é anulável, de acordo com o artigo 171, I, do Código Civil. É importante ressaltar que o menor, absolutamente ou relativamente incapaz, pode ser sócio de uma sociedade empresária.

O segundo requisito é o objeto lícito. Para que o negócio jurídico se repute perfeito e válido o objeto deverá ser conforme a lei, não sendo contrário aos bons costumes, à ordem pública e à moral. O negócio jurídico, além de lícito, deve ser possível – física ou juridicamente.

Quanto à forma, esta deve ser prescrita – claramente expressa – ou não defesa em lei – i.e, não proibida expressamente em lei. Em inúmeros casos, a lei exige das partes forma especial para a própria garantia dos negócios, como, por exemplo, no caso das sociedades anônimas, que devem cumprir uma série de determinações previstas na legislação específica. Existem ainda condições específicas que são próprias das sociedades empresárias. Todos os sócios deverão ter participação nos lucros e nas perdas, sendo nula qualquer cláusula que exclua dos sócios dessa participação e, todos os sócios deverão ainda contribuir para a formação do capital social, seja com bens, créditos, serviços ou dinheiro.

Ressalta-se ainda a necessidade do preenchimento dos pressupostos fáticos da existência de qualquer sociedade, que são dois: a vontade convergente dos sócios para exercer a sociedade econômica e a pluralidade de sócios, já que o direito brasileiro não autoriza a sociedade unipessoal, salvo a subsidiária integral, conforme o artigo 251, da Lei 6.404/1976. Caso contrário, deverá fazê-lo na forma de empresário individual[4]. Acerca da matéria, preleciona Sandra Ferreira (2008, p. 12):

> Art. 251 À sociedade empresária é exigido, além dos elementos que compõem o já citado artigo 104 do Código Civil, que sua constituição se dê na forma escrita, por instrumento público ou particular, para ser levada a registro e, ainda, exige-se no contrato elementos específicos, tais como a pluralidade de sócios, a constituição do capital social e a *affectio societatis*.

O artigo 981, do Código Civil, estabelece o conceito de sociedade empresária afirmando que "celebram contrato de sociedade as pessoas que reciprocamente se obrigam a contribuir, com bens ou serviços, para o exercício de atividade econômica e a partilha, entre si, dos resultados".

Logo no artigo seguinte, o 982 do Código Civil, destaca-se que a sociedade é considerada empresária se "tem por objeto o exercício de atividade própria de empresário sujeito a registro (art. 967); e, simples, as demais".

A sociedade somente vai adquirir a personalidade jurídica com a inscrição dos seus atos constitutivos, no registro próprio e na forma da lei, conforme o artigo 985, do Código Civil. José Edwaldo Tavares Borba (2004, p. 29) assevera que "procede-se à constituição da sociedade através de um instrumento público ou particular, firmado por todos os sócios, no qual se declaram as condições básicas da entidade, inclusive o nome, domicílio, capital social, cotas de cada sócio, objeto social, forma de administração, prazo de existência e processo de liquidação".

O registro deve ser feito nos moldes do artigo 46 do Código Civil, que dispõe:

> Art. 46. O registro declarará:
> I - a denominação, os fins, a sede, o tempo de duração e o fundo social, quando houver;
> II - o nome e a individualização dos fundadores ou instituidores, e dos diretores;
> III - o modo por que se administra e representa, ativa e passivamente, judicial e extrajudicialmente;
> IV - se o ato constitutivo é reformável no tocante à administração, e de que modo;
> V - se os membros respondem, ou não, subsidiariamente, pelas obrigações sociais;
> VI - as condições de extinção da pessoa jurídica e o destino do seu patrimônio, nesse caso.

O registro deve correr antes do início das atividades, caso contrário, será sociedade irregular, isto é, não personificada. Em suma, a pessoa jurídica, de acordo com os artigos 45 e 985 do Código Civil, registra o contrato constitutivo no órgão competente para tanto, tornando-se capaz de exercer seus direitos e as obrigações que lhe são compatíveis, desvinculando-a da pessoa de seus membros.

1.4 Antecedentes históricos e evolução do conceito de Desconsideração da Personalidade Jurídica no Brasil

A desconsideração da personalidade jurídica ou *teoria da penetração* é um instituto importado dos sistemas jurídicos europeu e norte-americano, usado para coibir os descomedimentos dos sócios, fazendo com que respondam com seu patrimônio pelas dívidas do ente coletivo, ocorrendo, assim, um afastamento episódico da autonomia patrimonial.

Fredie Didier Jr. (2008, p. 5) destaca que se trata a *disregard doctrine* de "sanção aplicada pela prática de ato ilícito – utilização abusiva da personalidade jurídica".

Nos Estados Unidos, essa teoria é conhecida como *disregard doctrine* e o mais famoso precedente ocorreu em 1809 (CARVALHO, 2006, p. 212) com o caso *Bank of The United States* x *Deveaux*, quando "o Juiz Marshal, *lifting the corporate veil*, isto é, alçando o véu protetor da personalidade jurídica da sociedade – no caso, um banco – considerou caraterísticas pessoais dos sócios, para fixar como competente para julgar o caso a *Federal Court*, diante do fato de serem estrangeiros os administradores da instituição financeira".

A primeira vez que os tribunais ingleses trataram da desconsideração da personalidade jurídica foi em um julgado de 1987, na Inglaterra, no caso *Salomon vs. Salomon*, que merece ser lembrando pela relevância que teve no estudo do tema (LOVATO, 2008, p. 207):

O empresário Aaron Salomon havia constituído, conjuntamente com seis de seus membros familiares, uma *company*. Quando dessa constituição, Salomon cedeu seu fundo de comércio à sociedade, recebendo, em contraprestação, vinte mil ações representativas, enquanto a cada um dos outros sócios coube apenas uma ação por pessoa, integrando, assim, o valor da incorporação do fundo de comércio na nova sociedade. O valor que Salomon recebeu em obrigações garantidas perfazia, à época, dez mil libras esterlinas.

Logo após a constituição da sociedade, ela se provou insolvente, sendo que seu patrimônio ativo tornou-se inferior ao seu patrimônio passivo, não sendo suficiente sequer para honrar as obrigações garantidas, muito menos para as quirografárias.

Quando do procedimento da falência, o liquidante, resguardando o interesse dos credores quirografários da *Solomon & Co.*, sustentou que toda a atividade desenvolvida pela *company* era, verdadeiramente, a atividade de Aaron Salomon individualmente. Defendeu que Aaron usara de um artifício (a incomunicabilidade de patrimônios) para limitar a sua responsabilidade, valendo-se da sociedade como um escudo, devendo, então, ser condenado a arcar com os débitos da *company*, restando seu crédito garantido revertido em favor dos credores quirografários da sociedade.

O caso teve julgamento favorável ao liquidante nas duas instâncias inferiores, sendo que, ao final do trâmite do processo, a *House of Lords* inglesa julgou que Aaron Salomon agira legalmente, sendo válido seu crédito garantido.

Apesar de a teoria da desconsideração da personalidade jurídica ter sido criada nos Estados Unidos da América e na Inglaterra, foi verdadeiramente sistematizada na Alemanha, por Rolf Serick, em sua tese de doutorado na Universidade de Tübigen (BORBA, 2011, p. 378).

Segundo Borba (2011, p. 378), "Serick buscou encontrar, com base na jurisprudência norte-americana, critérios gerais que autorizassem o afastamento da autonomia patrimonial das pessoas jurídicas".

Antes de Serick quase nada havia sido escrito sobre essa teoria que representasse um tratamento específico da questão (BORBA, 2011, p. 380): "É bem verdade que, antes dele, alguns outros doutrinadores já haviam se dedicado ao tema, como Martin Wolff e Heinz Rhode, mas não se encontra nesses estudos o objetivo central almejado por Serick, qual seja, o de definir critérios que autorizassem o uso da teoria." Rolf Serick estabelecia que a teoria da desconsideração fosse vista como uma regra-exceção, respeitando o princípio da autonomia, somente ocorrendo quando verificado abuso de direito no caso concreto (BORBA, 2011, p. 381). Tal teoria foi chamada de subjetiva por necessitar desse elemento de abuso.

Segundo J. Lamartine Corrêa de Oliveira (1979, p. 301-302), o ônus da prova é daquele que requer a desconsideração da personalidade jurídica, devendo demonstrar seu uso abusivo:

> A noção de abuso de um instituto (no caso, a pessoa jurídica) é por Serick formulada a partir da noção de *abuso de direito*, restrita aos abusos de direito subjetivo. Embora, porém, o aturo invoque a noção de *abuso de direito* em sua formulação objetivista (exercício de modo contrário à função ético-jurídica e social do direito), citados, dentre outros, SOERGEL-SIEBERT e ESSE, a noção de abuso da pessoa jurídica que SERICK termina por aplicar só é levada em conta como justificativa da desconsideração da pessoa jurídica de Direito Privado se acompanhada de elemento subjetivo (nos casos em exame, intenção de fraude à lei). Não provada tal intenção, não se justificaria a desconsideração. A simples identidade econômica não é suficiente, explica, para que duas pessoas jurídicas sejam consideradas como uma só. Quando o objetivo de uma norma jurídica (como que a protege os compradores nas vendas em prestações) não pode ser atingido por causa da distinção entre pessoa jurídica e pessoas-membros (no caso, vendedora e financeira), duas pessoas jurídicas distintas, com idênticos sócios, está em jogo um conflito entre a importância própria do instituto "pessoa jurídica" e a importância da função de uma norma isolada, conflito que Serick decide em favor do instituto "pessoa jurídica", cujo desconhecimento, nos casos de fraude à lei, SERICK só admite quando provada a intenção de fraudar a lei.

Esses casos e a sistematização feita por Serick chamaram a atenção de diversos juristas notáveis, o que permitiu a ampliação da discussão da hipótese de desconsideração da personalidade jurídica, passando, paulatinamente, a integrar o sistema jurídico de vários países. Rubens Requião (2002, p. 751) apresentou a doutrina brasileira no final da década de 1960, a partir de decisões jurisprudenciais dos Estados Unidos da América, da Inglaterra e da Alemanha, "colocando também a fraude e o abuso de direito como pressupostos para a desconsideração (BORBA, 2011, p. 383)".

É importante ressaltar que, em busca na jurisprudência e na doutrina, a abordagem feita pelos autores que tratam do tema da desconsideração da personalidade jurídica no Brasil começa a se tornar relevante a partir de 1960, com o pensamento de Rubens Requião. Antes disso, a jurisprudência brasileira silencia sobre o tema. A Teoria da Desconsideração da Personalidade Jurídica foi regulamentada pela primeira vez no Brasil em 1990, no artigo 28, do Código de Defesa do Consumidor:

> Art. 28. O juiz poderá desconsiderar a personalidade jurídica da sociedade quando, em detrimento do consumidor, houver abuso de direito, excesso de poder, infração da lei, fato ou ato ilícito ou violação dos estatutos ou contrato social. A desconsideração também será efetivada quando houver falência, estado de insolvência, encerramento ou inatividade da pessoa jurídica provocados por má administração.

Em seguida, a Lei de Infrações à Ordem Econômica (Lei n. 8.884/94 – Lei Antitruste), revogada pela Lei 12.529/2011, também positivou a desconsideração na legislação brasileira. Segue o dispositivo já na lei nova:

> Art. 34. A personalidade jurídica do responsável por infração da ordem econômica poderá ser desconsiderada quando

houver da parte deste abuso de direito, excesso de poder, infração da lei, fato ou ato ilícito ou violação dos estatutos ou contrato social.

Parágrafo único. A desconsideração também será efetivada quando houver falência, estado de insolvência, encerramento ou inatividade da pessoa jurídica provocados por má administração.

A Lei n. 9.605/98, art. 4º, que dispõe sobre as sanções penais e administrativas derivadas de condutas e atividades lesivas ao meio ambiente, determinou o seguinte: "Poderá ser desconsiderada a pessoa jurídica sempre que sua personalidade for obstáculo ao ressarcimento de prejuízos causados à qualidade do meio ambiente."

E, por fim, o artigo 50, do Código Civil de 2002, o qual consagrou a teoria subjetiva:

Art. 50. Em caso de abuso da personalidade jurídica, caracterizado pelo desvio de finalidade, ou pela confusão patrimonial, pode o juiz decidir, a requerimento da parte, ou do Ministério Público quando lhe couber intervir no processo, que os efeitos de certas e determinadas relações de obrigações sejam estendidos aos bens particulares dos administradores ou sócios da pessoa jurídica.

A doutrina e a jurisprudência atuais são pacíficas quanto à possibilidade da sua aplicação, contudo, não há uniformidade quanto à forma, principalmente na justiça do trabalho.

Vale destacar que fora do Brasil só há desconsideração para os sócios. Com relação ao administrador da sociedade empresária, o instituto é outro, qual seja, a responsabilidade direta ou regresso.

O Conselho de Justiça Federal propôs o enunciado 7 apresentado na I Jornada de Direito Civil, afirmando o seguinte no art. 50 que "só se aplica a desconsideração da personalidade jurídica quando houver a prática de ato irregular e, limitadamente, aos administradores ou sócios que nela hajam incorrido".

A doutrina da penetração é classificada em Teoria Maior e Teoria Menor. A Teoria Maior pressupõe, para a aplicação da desconsideração, o preenchimento de condições legais mais robustas, tais como abuso da personalidade jurídica, caracterização do desvio de finalidade ou da confusão patrimonial, conforme se depreende do artigo 50, do Código Civil.

O requisito primordial para a aplicação da teoria da desconsideração é o desvio da função da pessoa jurídica, que se constata na fraude e no abuso de direitos relativos à autonomia patrimonial, pois a desconsideração configura-se em uma forma de limitar o uso da pessoa jurídica aos fins para os quais ela é destinada.

Segundo Alexandre Alberto Teodoro da Silva (2007, p. 132), o vocábulo desvio indica o "uso indevido ou anormal", uma vez que "o sócio que detém a liberdade de iniciativa de se servir de uma personalidade jurídica, distinta dos membros que compõem a pessoa jurídica, emprega seus esforços para dar outro destino a tal personalidade".

Para que ocorra a desconsideração, é necessário que haja desvio da função para a qual a sociedade empresária foi constituída (SILVA, 2007, p. 132). Ainda pode ser aplicada a desconsideração da personalidade jurídica em razão da confusão patrimonial, conforme o artigo 50, do Código Civil.

A confusão patrimonial é exemplificada na hipótese em que se demonstra, a partir da escrituração contábil ou da movimentação de contas de depósito bancário, que a sociedade paga dívidas do sócio, ou este recebe créditos daquela, ou o inverso, de maneira irregular (SILVA, 2007, p. 132).

Nesse sentido, Marcia Frigeri (1997, p. 55) afirma:

> A confusão nesse particular vem claramente positivada como forma de repressão ao abuso na utilização da personalidade jurídica das sociedades, fundamento primitivo da própria teoria da desconsideração. Assim, vê-se que o direito positivo acolhe a teoria da desconsideração em seus reais contornos. Tal abuso poderá ser provado pelo desvio

de finalidade ou pela confusão patrimonial. Ao contrário do que possa parecer, nosso Código não acolhe a concepção objetiva da teoria, pois a confusão patrimonial não é fundamento suficiente para a desconsideração, sendo simplesmente um meio importantíssimo de comprovar o abuso da personalidade jurídica, que ocorre nas hipóteses do abuso de direito e da fraude. Destarte, o necessário para a desconfiguração é o abuso da personalidade jurídica, que pode ser provado inclusive pela configuração de uma confusão patrimonial.

Fábio Comparato (1983, p. 274-275) defende que vem de longa data a orientação de que a responsabilidade decorrente da desconsideração é espécie do gênero responsabilidade por ato ilícito (ou quando menos assemelhável), devendo, portanto, observar os pressupostos e instrumentos referentes à estrutura do instituto (dano, nexo de causalidade e ação ou omissão antijurídica), conforme previstos nos artigos 186 e 187 do Código Civil.

Conforme destacado, a teoria maior exige a constatação do abuso de personalidade jurídica para que o juiz possa aplicar a desconsideração da personalidade jurídica. Já a Teoria Menor, menos sofisticada, pressupõe o simples inadimplemento dos credores, sem ao menos analisar os reais motivos que levaram a sociedade a deixar de pagar os seus débitos.

Segundo o entendimento do Superior Tribunal de Justiça: [5]

A Teoria Menor da desconsideração, por sua vez, parte de premissas distintas da Teoria Maior: para a incidência da desconsideração com base na Teoria Menor, basta a prova de insolvência da pessoa jurídica para o pagamento de suas obrigações, independentemente da existência de desvio de finalidade ou de confusão patrimonial.

Para esta teoria, o risco empresarial normal às atividades econômicas não pode ser suportado pelo terceiro que contratou com a pessoa jurídica, mas pelos sócios e/ou administradores desta, ainda que estes demonstrem conduta administrativa proba, isto é, mesmo que não exista qualquer prova capaz de identificar conduta culposa ou dolosa por parte dos sócios e/ou administradores da pessoa jurídica.

Assim, utilizando-se a Teoria Menor, qualquer hipótese de comprometimento do patrimônio societário implica na desconsideração da personalidade jurídica, ou seja, depende simplesmente de requisitos objetivos, como se observa no Código de Defesa do Consumidor (art. 28, § 5º), na Lei de Infrações à Ordem Econômica (Lei n. 8.884/94 – Lei Antitruste) e na Lei n. 9.605/98, que trata das condutas lesivas ao meio ambiente.

Em análise a esta teoria, percebe-se que sua aplicação poderá acarretar danos aos sócios ou aos administradores da empresa, pois não leva em consideração a deliberada intenção de fraudar credores, e sim a frustração do crédito do credor – além dos danos aos demais credores, pois da insolvência decorre a falência com a formação do juízo universal, protegendo os créditos de todos os credores, bem como não destaca qual a forma no processo que deverá ocorrer a aplicação do instituto.

Bruno Meyerhof Salama (2014, p. 202) explica a diferença fundamental entre a Teoria Menor, que consta no Código de Defesa do Consumidor, e a Teoria Maior, prevista no Código Civil:

> Há uma diferença fundamental entre a responsabilização de terceiros prevista no CDC e aquela prevista no Código Civil. O abuso de personalidade jurídica de que trata o art. 50 do Código Civil contempla um mecanismo de responsabilização por ato ilícito, e tanto o desvio de finalidade quanto a confusão patrimonial são atos ilícitos praticados em nome da sociedade. Mas o mesmo não pode ser dito do CDC. Nesse último, há previsão da responsabilização de terceiros não apenas por ato ilícito, mas também por realocação de

riscos na sociedade. Afinal, como vimos, o CDC contempla hipóteses de coobrigação e, ademais, faculta aos magistrados responsabilizarem terceiros com base em considerações de prudência ou conveniência.

Se antes havia apenas alguns ramos específicos do direito que haviam acolhido a desconsideração, o artigo 50 do Código Civil abriu a possibilidade genérica de aplicação do instituto no ordenamento jurídico brasileiro, preenchendo a lacuna existente.

1.4.1 Distinção entre Desconsideração da Personalidade Jurídica e os Casos de Responsabilização Direta.

Bruno Meyerhof Salama (2012, p. 329) destaca que, além do Código Civil e do Código de Defesa do Consumidor, a desconsideração da personalidade jurídica também está prevista em algumas outras legislações. Todavia, Salama confunde a desconsideração com a responsabilização direta. Para demonstrar isso, será efetuada a citação conforme consta no artigo do citado autor e em seguida será explicada a diferença entre desconsideração e responsabilização direta demonstrando onde o autor confundiu os institutos (SALAMA, 2012, p. 329):

- *Legislação em Direito Econômico*: há diversos dispositivos legais na área de direito econômico prevendo a responsabilização de representantes e sócios de empresas. A Lei da Usura estabelece que "serão responsáveis como coautores o agente e o intermediário, e, em se tratando de pessoa jurídica, os que tiverem qualidade para representá-la". A Lei de Repressão ao Abuso do Poder Econômico estabelece que "as pessoas físicas, os diretores e gerentes das pessoas jurídicas que possuam empresas serão civil e criminalmente responsáveis pelo abuso do poder econômico por elas praticados". Finalmente, a Lei do CADE permite ao juiz desconsiderar a personalidade jurídica quando houver abuso de direito, excesso de poder, infração da lei, fato ou ato ilícito, violação dos estatutos ou do contrato social, falência, insolvência, encerramento de atividades ou inatividade provocada por má administração.

• *Legislação trabalhista*: a Consolidação das Leis do Trabalho (CLT) estabelece a responsabilidade solidária das sociedades integrantes de um conglomerado econômico para os efeitos da relação de emprego.

• *Legislação tributária*: a Lei da Sonegação Fiscal prevê a responsabilização de quem quer que tenha concorrido com a prática da sonegação fiscal. Ademais, o Código Tributário Nacional (CTN) prevê a desconsideração de atos ou negócios jurídicos praticados com a finalidade de dissimular a ocorrência do fato gerador de tributo ou a natureza dos elementos constitutivos de obrigação tributária (trata-se da chamada norma "antielisão"). O CTN prevê, ainda, que na hipótese de ação ou omissão com excesso de poderes ou infração de lei, ao contrato social ou aos estatutos, poderá haver responsabilização de pais, tutores, curadores, administradores, inventariantes, síndicos, comissários, tabeliães, sócios de empresas, mandatários, prepostos, empregados, e diretores, gerentes ou representantes de pessoas jurídicas de direito privado. Tal hipótese é também resguardada pela Lei de Execução Fiscal e pelo regramento de alguns tributos específicos, como, por exemplo, o Regulamento do Imposto de Renda (RIR/99).

• *Legislação societária*: a Lei das Sociedades por Ações prevê a responsabilização do acionista controlador que age com abuso de poder. A lei prevê, ainda, a responsabilização de administradores que atuem dentro de suas atribuições ou poderes com culpa ou dolo, ou que violem lei ou o estatuto social.

•*Legislação de previdência privada*: A legislação de previdência privada, por outro lado, estabelece que "os diretores, administradores, membros de conselhos deliberativos, consultivos, fiscais ou assemelhados, das entidades de previdência privada responderão solidariamente com a mesma pelos prejuízos causados a terceiros, inclusive aos seus acionistas, em consequência do descumprimento de leis, normas e instruções referentes às operações previstas [na Lei 6.435/77] e, em especial, pela falta de constituição das reservas obrigatórias". Além disso, a Lei Complementar 109/01 estabeleceu a possibilidade de responsabilização de administradores, procuradores, membros de conselhos estatutários, interventores e liquidantes de entidades de previdência complementar.

•*Legislação bancária*: a Lei dos Crimes do Colarinho Branco estabelece penas para acionistas controladores, diretores de instituições financeiras envolvidos em operações vedadas. O Decreto do Raet e a Lei da Responsabilidade Solidária de Controladores de Instituições Financeiras estabelecem que a decretação dos regimes de intervenção, a liquidação extrajudicial e o regime de administração especial temporária em instituições financeiras têm o efeito secundário de tornar o controlador responsável pelas dívidas da instituição financeira.

• *Legislação ambiental*: a Lei dos Crimes Ambientais autoriza a desconsideração da personalidade jurídica sempre que esta se constituir em um obstáculo ao ressarcimento de prejuízos causados à qualidade do meio ambiente. Da mesma forma, cria um questionável regime de responsabilização objetiva segundo o qual "quem, de qualquer forma, concorre para a prática dos crimes previstos [na Lei dos Crimes Ambientais], incide nas penas a estes cominadas, na medida da sua culpabilidade, bem como o diretor, o administrador, o membro de conselho e de órgão técnico, o auditor, o gerente, o preposto ou mandatário de pessoa jurídica, que, sabendo da conduta criminosa de outrem, deixar de impedir a sua prática, quando podia agir para evitá-la.

• *Legislação do petróleo*: o Decreto 2.953/99 permite à Agência Nacional do Petróleo (ANP) desconsiderar a PJ sempre que esta se constituir em um obstáculo ao ressarcimento de prejuízos causados à indústria do petróleo, ao abastecimento nacional de combustíveis, ao Sistema Nacional de Estoques de Combustíveis ou ao Plano Anual de Estoques de Combustíveis. No mesmo sentido dispõe a Lei 9.847/99.

•*Legislação falimentar*: o ex-sócio de empresa cujos atos constitutivos prevejam a responsabilização ilimitada dos sócios será responsabilizado quando houver se retirado da empresa há menos de dois anos da decretação da falência.

Quanto às legislações em direito econômico, ambiental e do petróleo, nada há que se criticar a posição de Bruno

Meyerhof Salama. A crítica é direcionada às legislações trabalhista, tributária, societária, da previdência privada, bancária e falimentar, visto que não se tratam de exemplos de desconsideração da personalidade jurídica.

A desconsideração da personalidade jurídica ocorre quando é retirado o véu da pessoa jurídica, e só então é atingido o patrimônio dos sócios; já a responsabilização direta ocorre quando é imputada responsabilidade sem a necessidade de superar a autonomia da sociedade (BORBA, 2011, p. 388-389):

> Em tais casos, não haveria por que aplicar a teoria da desconsideração, pois, mesmo que se constatasse que a personalidade jurídica fora abusivamente manipulada, poder-se-iam utilizar outras formas de responsabilização, as quais atingiriam o mesmo objetivo, qual seja, a reparação do prejuízo sofrido. Nessa perspectiva, nos casos em que a personalidade não representa um obstáculo à responsabilização direta de quem incorreu na irregularidade, não há por que cogitar do superamento da autonomia societária. A desconsideração, como já se viu com Serick, representa uma regra-exceção, que deve ser utilizada de forma *excepcionalíssima* – seria o último dos recursos.

Com base nessa premissa, será explicado cada equívoco na apresentação de Bruno Meyerhof Salama.

Quanto à legislação trabalhista na remissão feita por Bruno Salama (2012, p. 329), trata-se de responsabilidade solidária[6] de todas as sociedades que compõem o grupo econômico, não sendo nem desconsideração, nem responsabilidade direta dos sócios, conforme o artigo 2o, parágrafo segundo, da Consolidação das Leis do Trabalho (CLT):

> Art. 2º - Considera-se empregador a empresa, individual ou coletiva, que, assumindo os riscos da atividade econômica, admite, assalaria e dirige a prestação pessoal de serviço.
> [...]

§ 2º - Sempre que uma ou mais empresas, tendo, embora, cada uma delas, personalidade jurídica própria, estiverem sob a direção, controle ou administração de outra, constituindo grupo industrial, comercial ou de qualquer outra atividade econômica, serão, para os efeitos da relação de emprego, solidariamente responsáveis a empresa principal e cada uma das subordinadas.

No caso da legislação tributária (SALAMA, 2012, p. 329), não há que se falar em desconsideração, visto que a responsabilização será direta e solidária por quem descumpriu a obrigação tributária, conforme os artigos 134 e 135, do Código Tributário Nacional:

Art. 134. Nos casos de impossibilidade de exigência do cumprimento da obrigação principal pelo contribuinte, respondem solidariamente com este nos atos em que intervierem ou pelas omissões de que forem responsáveis:
I - os pais, pelos tributos devidos por seus filhos menores;
II - os tutores e curadores, pelos tributos devidos por seus tutelados ou curatelados;
III - os administradores de bens de terceiros, pelos tributos devidos por estes;
IV - o inventariante, pelos tributos devidos pelo espólio;
V - o síndico e o comissário, pelos tributos devidos pela massa falida ou pelo concordatário;
VI - os tabeliães, escrivães e demais serventuários de ofício, pelos tributos devidos sobre os atos praticados por eles, ou perante eles, em razão do seu ofício;
VII - os sócios, no caso de liquidação de sociedade de pessoas.
Parágrafo único. O disposto neste artigo só se aplica, em matéria de penalidades, às de caráter moratório.
Art. 135. São pessoalmente responsáveis pelos créditos correspondentes a obrigações tributárias resultantes de atos praticados com excesso de poderes ou infração de lei, contrato social ou estatutos:
I - as pessoas referidas no artigo anterior;

II - os mandatários, prepostos e empregados;
III - os diretores, gerentes ou representantes de pessoas jurídicas de direito privado.

A lei de Sociedades por Ações também é destacada por Salama (2012, p. 329) como uma das situações de desconsideração, no entanto, a legislação somente prevê a responsabilização direta do controlador, do administrador ou até mesmo do conselho fiscal, e não a desconsideração da personalidade jurídica:

Art. 158. O administrador não é pessoalmente responsável pelas obrigações que contrair em nome da sociedade e em virtude de ato regular de gestão; responde, porém, civilmente, pelos prejuízos que causar, quando proceder:
I - dentro de suas atribuições ou poderes, com culpa ou dolo;
II - com violação da lei ou do estatuto.

§ 1º O administrador não é responsável por atos ilícitos de outros administradores, salvo se com eles for conivente, se negligenciar em descobri-los ou se, deles tendo conhecimento, deixar de agir para impedir a sua prática. Exime-se de responsabilidade o administrador dissidente que faça consignar sua divergência em ata de reunião do órgão de administração ou, não sendo possível, dela dê ciência imediata e por escrito ao órgão da administração, no conselho fiscal, se em funcionamento, ou à assembleia-geral.

§ 2º Os administradores são solidariamente responsáveis pelos prejuízos causados em virtude do não cumprimento dos deveres impostos por lei para assegurar o funcionamento normal da companhia, ainda que, pelo estatuto, tais deveres não caibam a todos eles.

§ 3º Nas companhias abertas, a responsabilidade de que trata o § 2º ficará restrita, ressalvado o disposto no § 4º, aos administradores que, por disposição do estatuto, tenham atribuição específica de dar cumprimento àqueles deveres.

§ 4º O administrador que, tendo conhecimento do não cumprimento desses deveres por seu predecessor, ou pelo administrador competente nos termos do § 3º, deixar de comunicar o fato à assembleia-geral, tornar-se-á por ele solidariamente responsável.

§ 5º Responderá solidariamente com o administrador quem, com o fim de obter vantagem para si ou para outrem, concorrer para a prática de ato com violação da lei ou do estatuto.

Art. 165. Os membros do conselho fiscal têm os mesmos deveres dos administradores de que tratam os arts. 153 a 156, e respondem pelos danos resultantes de omissão no cumprimento de seus deveres e de atos praticados com culpa ou dolo, ou com violação da lei ou do estatuto.

A legislação de previdência privada, Lei 6.435/77, estabelece a responsabilidade individual, não destacando qualquer possibilidade de desconsiderar a personalidade jurídica, conforme o artigo 76:

> Art. 76 Os diretores, administradores, membros de conselhos deliberativos, consultivos, fiscais ou assemelhados, das entidades de previdência privada responderão solidariamente com a mesma pelos prejuízos causados a terceiros, inclusive aos seus acionistas, em consequência do descumprimento de leis, normas e instruções referentes às operações previstas nesta Lei e, em especial, pela falta de constituição das reservas obrigatórias.

A lei que regulamenta a previdência complementar ainda estabelece a possibilidade de indisponibilidade dos bens de forma direta de seus administradores, procuradores e outros, sem a necessidade de desconsiderar a personalidade jurídica, conforme o artigo 59, da Lei complementar 109/01:

> Art. 59 Os administradores, controladores e membros de conselhos estatutários das entidades de previdência complementar sob intervenção ou em liquidação extrajudicial ficarão com todos os seus bens indisponíveis, não podendo, por qualquer forma, direta ou indireta, aliená-los ou onerá-los, até a apuração e liquidação final de suas responsabilidades.

Na legislação bancária ocorre o mesmo. Não há qualquer possibilidade de desconsideração, sendo, mais uma vez, um caso de responsabilidade direta na qual estabelece pena para os acionistas controladores, diretores e outros, conforme Lei 7.492/86:

> Art. 25. São penalmente responsáveis, nos termos desta lei, o controlador e os administradores de instituição financeira, assim considerados os diretores, gerentes
> [...].
> § 1º Equiparam-se aos administradores de instituição financeira o interventor, o liquidante ou o síndico.
> § 2º Nos crimes previstos nesta Lei, cometidos em quadrilha ou coautoria, o coautor ou partícipe que através de confissão espontânea revelar à autoridade policial ou judicial toda a trama delituosa terá a sua pena reduzida de um a dois terços.

A última legislação tratada por Bruno Meyerhof Salama (2012, p. 329) foi a societária e, mais uma vez, houve confusão entre a desconsideração da personalidade jurídica e a responsabilidade direta, conforme o artigo 82, da Lei 11.101/2005, já que não é necessária a desconsideração da personalidade jurídica para atingir os sócios, controladores e administradores:

> Art. 82 A responsabilidade pessoal dos sócios de responsabilidade limitada, dos controladores e dos administradores da sociedade falida, estabelecida nas respectivas leis, será apurada no próprio juízo da falência, independentemente da realização do ativo e da prova da sua insuficiência para cobrir o passivo, observado o procedimento ordinário previsto no Código de Processo Civil.

Tal distinção é necessária para se entender claramente a diferença entre a desconsideração da personalidade jurídica e as situações em que ocorre responsabilidade direta, uma vez que é muito comum na doutrina brasileira a interpretação equivocada entre os dois institutos.

1.4.2. Procedimento da Desconsideração da Personalidade Jurídica no Anteprojeto do Novo Código de Processo Civil e no Projeto do Código Comercial

A aprovação da redação do art. 133 do Projeto de Lei n. 8.046/2010 (Novo Código de Processo Civil) cessará essa contenda[7], confirmando, assim, a possibilidade de desconsiderar a personalidade jurídica por incidente processual. O artigo faz menção ainda às espécies e às fases processuais que comportam a instauração do incidente:

> Art. 133. O incidente de desconsideração de personalidade jurídica será instaurado a pedido da parte ou do Ministério Público, quando lhe couber intervir no processo.
> § 1º. Os pressupostos da desconsideração da personalidade jurídica serão previstos em lei.
> § 2º Aplica-se o disposto neste capítulo à hipótese de desconsideração inversa da personalidade jurídica.
> Art. 134. O incidente de desconsideração é cabível em todas as fases do processo de conhecimento, no cumprimento de sentença e na execução fundada em título executivo extrajudicial.
> § 1º. A instauração do incidente será imediatamente comunicada ao distribuidor para as anotações devidas.
> § 2º Dispensa-se a instauração do incidente se a desconsideração da personalidade jurídica for requerida já na petição inicial, caso em que será citado o sócio ou a pessoa jurídica.
> §3º Salvo na hipótese do §2º, a instauração do incidente suspenderá o processo.
> §4º O requerimento deve demonstrar o preenchimento dos pressupostos legais específicos para a desconsideração da personalidade jurídica.

Uma das novidades importantes é a confirmação da impossibilidade de o juiz aplicar a desconsideração *ex officio*, por depender de "requerimento da parte ou do Ministério Público, quando lhe couber intervir no processo", ratificando o texto do Código Civil em seu art. 50, em detrimento do texto do Código de Defesa do Consumidor em seu art. 28.

Feito o requerimento por algum dos legitimados, o sujeito passivo do incidente, o sócio e a pessoa jurídica serão citados para se manifestar e requerer provas no prazo comum de 15 (quinze) dias, conforme aduz o art. 135 do anteprojeto do Novo Código de Processo Civil. Concluída a instrução, o incidente será resolvido por decisão interlocutória impugnável por agravo de instrumento, nos moldes do art. 136 do mesmo projeto.

O anteprojeto do Código Comercial (PLS 487/2013), em seus artigos 202 a 205, também define quando deve ocorrer a desconsideração da personalidade jurídica:

> Art. 202. Em caso de confusão patrimonial, desvio de finalidade, abuso da forma societária ou de fraude perpetrada por meio da autonomia patrimonial da sociedade, o juiz poderá desconsiderar a personalidade jurídica própria desta, mediante requerimento da parte interessada ou do Ministério Público, quando intervier no feito, para imputar a responsabilidade ao sócio ou administrador.
> Art. 203. A simples insuficiência de bens no patrimônio da sociedade para a satisfação de direito de credor não autoriza a desconsideração de sua personalidade jurídica.
> Art. 204. A imputação de responsabilidade ao sócio ou administrador, ou a outra sociedade, em decorrência da desconsideração da personalidade jurídica da sociedade, só poderá ser determinada pelo juiz, para qualquer fim, em ação ou incidente próprio, depois de assegurado o direito à ampla defesa e ao contraditório.
> Art. 205. Acolhida a desconsideração da personalidade jurídica, deve ser incluído no processo o nome do sócio, administrador ou da pessoa, natural ou jurídica, a quem se imputar responsabilidade.

Conforme se depreende da leitura dos artigos apresentados, o anteprojeto deve seguir a Teoria Maior, uma vez que para ocorrer a desconsideração da personalidade jurídica é necessário caracterizar "confusão patrimonial, desvio de finalidade, abuso de forma societária ou de fraude perpetrada por meio da autonomia patrimonial da sociedade".

A positivação dos aspectos de direito material e processual são importantes para padronizar a forma pela qual os tribunais aplicarão o instituto, evitando o abuso de direito processual e a insegurança jurídica sobre a desconsideração da personalidade jurídica que hoje vivem os jurisdicionados no Brasil.

1.5 Abuso de Direito Processual e a sua Relação com a Desconsideração da Personalidade Jurídica

O Direito tem como uma de seus objetivos a busca pela justiça. Todavia, algumas situações no curso do processo podem ocorrer de modo a prejudicar de forma indevida a parte contrária. Essas situações são definidas como abuso de direito processual.

O sistema brasileiro tenta coibir esse abuso com algumas penas, como, por exemplo, a condenação em litigância de má-fé e as multas decorrentes disso, que podem ser direcionadas às partes atuantes no processo.

Segundo Michele Taruffo (2009, 165), o "abuso do direito processual é em certa medida concebido como uma classe de atos e condutas conflitantes com a eficiência da administração da justiça".

As medidas dilatórias por parte dos advogados devem e já são punidas no Brasil, inclusive admite-se que recursos possam ser considerados meramente protelatórios, ainda que a parte tenha esse direito previsto e amparado pela lei.

O juiz é um servidor público e, assim, somente poderá fazer aquilo que é autorizado por lei. No entanto, o juiz também tem uma função importantíssima ao direito, que é interpretá-lo conforme o caso concreto, dando a cada um o que é seu.

Todavia, se um juiz proferir uma decisão contrária à lei, o referido magistrado também não estaria abusando do direito processual, já que estaria ferindo a eficiência da administração da justiça?

Para se fazer um rápido paralelo entre o sistema *civil law* e *common law*, de acordo com Marcio Louzada Carpena (2010, p. 200), o magistrado poderá exercer plenamente a sua criatividade buscando a efetivação da justiça, pois "sem dúvida, a abertura do sistema permite que o juiz aja da maneira que lhe parecer mais correto, não somente para atingir o fim último do processo (satisfazer aquele que tem razão), mas também para permitir que ele se desenvolva corretamente".

No que se refere à discricionariedade do juiz no direito norte-americano, Antonio Gidi (2007, p. 150) bem frisou: "Em face da extrema flexibilidade dos poderes discricionários do juiz, diversas medidas podem ser tomadas visando à superação de dificuldades. O limite é apenas o da criatividade das partes e do juiz."

Todavia, o sistema do Brasil ainda é majoritariamente o *civil law*, não podendo o juiz abrir mão do texto legal, que delimita e circunscreve sua conduta.

A delimitação do texto legal, segundo o filósofo do direito e jurista Lênio Streck (2010, 20), é uma necessidade incontornável, uma vez que "defender a aplicação da 'literalidade' de uma lei, por exemplo, passou a ser um pecado mortal".

Não cumprir a lei proposta, no que tange, por exemplo, à decretação da desconsideração da personalidade jurídica, seria um claro abuso do direito processual. Lênio Streck (2010, p. 41) arremata defendendo a aplicação da lei da seguinte forma:

> Por tudo isso, "cumprir a letra da lei" significa sim, nos marcos de um regime democrático como o nosso, um avanço considerável. A isso deve-se agregar a seguinte consequência: tanto aquele que diz que texto e norma (ou vigência e validade) são a mesma coisa como aquele que diz que estão

"descolados" (no caso, as posturas axiologistas, realistas etc.), são positivistas. Como positivistas são hoje os juristas que apostam na discricionariedade judicial...! Ou em ativismo judiciais irresponsáveis (o que dá no mesmo). Seja isso para o bem ou para o mal.

Para se evitar o abuso de direito processual por parte do juiz é necessário que se respeite o devido processo legal, a ampla defesa e o contraditório, denotando a importância do Império da Lei para as partes.

1.6. A Desconsideração da Personalidade Jurídica na Justiça do Trabalho

Os juízes trabalhistas vêm aplicando a desconsideração da personalidade jurídica com o objetivo de pagar os créditos dos trabalhadores, em diversos casos não importando se é o caso ou não de ser aplicado o instituto. Tal situação é ratificada por José Affonso Dallegrave Neto (2002, p. 177):

> No Brasil, o instituto é de utilidade ímpar, haja vista a nossa execrável cultura de sonegação, torpeza e banalização do ilícito trabalhista. Observa-se que a indústria da fraude à execução trabalhista foi aperfeiçoada de tal maneira que o desafio hodierno não é mais atingir o sócio ostensivo, mas o sócio de fato que se encontra dissimulado pela presença de outros estrategicamente escolhidos pela sua condição de insolvente, os quais são vulgarmente chamados 'laranjas' ou 'testas de ferro'.

Partindo da premissa de uma "cultura de sonegação, torpeza e banalização do ilícito trabalhista" (DALLEGRAVE, 202, p. 177), a Justiça do Trabalho procura aplicar a desconsideração da personalidade jurídica. Todavia, não existe qualquer referência à *disregard doctrine* na CLT, sendo necessário, portanto, recorrer ao Código Civil para que se aplique a desconsideração.

O artigo 2o, parágrafo 2o da CLT discorre sobre responsabilidade solidária, não se tratando de desconsideração da personalidade jurídica. Oksandro Gonçalves (2009, p. 61) explica que a responsabilidade solidária nada tem a ver com a desconsideração, razão pela qual se reforça a afirmação acima de que não há previsão da *disregard doctrine* na CLT.

O artigo 769 da Consolidação das Leis do Trabalho afirma que "nos casos omissos, o direito processual comum será fonte subsidiária do direito processual do trabalho, exceto naquilo em que for incompatível com as normas deste título".

Ora, se subsidiariamente se usa o Código de Processo Civil para sanar as omissões de direito processual da Consolidação das Lei Trabalhistas, pelas mesmas razões deve ser usado o Código Civil para sanar as omissões de direito material.

Contudo, em muitos casos não é isso que ocorre. As decisões que serão apresentadas demonstrarão as situações em que os juízes não aplicam adequadamente o artigo 50 do Código Civil, uma vez que não se comprova o abuso de direito. E grande parte, as decisões demonstrarão que outros juízes aplicam, de forma ainda mais equivocada, o artigo 28, do Código de Defesa do Consumidor.

Para fazer a análise de como é a aplicação do instituto da desconsideração da personalidade jurídica na Justiça do Trabalho será apresentado um julgado do Tribunal Regional do Trabalho da 2ª Região como premissa, no qual os magistrados admitem o uso do Código de Defesa do Consumidor para desconsiderar a personalidade jurídica. E, para demonstrar que essa decisão não é um fato isolado, serão apresentadas outras decisões no mesmo sentido.

EMENTA: FIRMA INDIVIDUAL. DESCONSIDERAÇÃO DA PERSONALIDADE JURÍDICA. Basta o inadimplemento da obrigação determinada ou a constatação da inexistência de bens da empresa, para se justificar a apreensão dos bens de seu sócio, ainda que este não figure como parte no processo. Nesta trilha, é a jurisprudência trabalhista, que, com especial acerto, invoca a teoria da *disregard*, quando verificada a condenação da empresa ao pagamento de créditos trabalhistas. Aliás, a responsabilidade do sócio culmina com a positivação da regra ínsita no artigo 28 do Código Brasileiro de Defesa do Consumidor, *verbis:* "o juiz poderá desconsiderar a personalidade jurídica da sociedade quando, em detrimento do consumidor, houver abuso de direito, excesso de poder, infração da lei, fato ou ato ilícito ou violação dos estatutos ou contrato social. A desconsideração também será efetivada quando houver falência, estado de insolvência, encerramento ou inatividade da pessoa jurídica provocados por má administração". Assim, tendo os créditos trabalhistas nítida natureza alimentar, aplica-se, indiscutivelmente, por analogia, o citado dispositivo legal. Visa-se à proteção da parte hipossuficiente na relação de emprego, cujo crédito não pode ficar descoberto. É possível, senão essencial, que o sócio seja chamado a responder pelas obrigações sociais contraídas pela sociedade. Esta responsabilização se torna possível em face da natureza do crédito, que é trabalhista, e, portanto, privilegiado, inclusive em relação aos do fisco ou do consumidor. Se, para estes, existem preceitos legais expressos (artigo 134, VII, do CTN e o artigo 28 do CDC), com muito mais razão há que se estender garantia semelhante ao crédito do trabalhador. Conforme preceitua o art. 592, II, do CPC, conclui--se, serenamente, que o pedido de responsabilização dos sócios pode ser atendido em execução, ainda que estes não figurem como parte no processo. Processo TRT/BH 00860-2005-081-03-00-4-AP.[8]

Para a aplicação da desconsideração da personalidade jurídica, conforme a jurisprudência acima citada, alguns julgadores baseiam suas decisões no Código de Defesa do Consumidor, em seu artigo 28, de forma equivocada.

Os julgadores trabalhistas enxergam em sua maioria uma maior facilidade na aplicação da Teoria Menor da desconsideração da personalidade jurídica, conforme o artigo 28, do Código de Defesa do Consumidor, uma vez que, além da autonomia da pessoa jurídica, o único requisito para sua aplicação é o inadimplemento da obrigação.

Os magistrados trabalhistas também entendem que seria mais justa a aplicação da supracitada, conforme se pode depreender das decisões da Justiça do Trabalho abaixo apresentadas:

A mera constatação de insolvência da empresa durante a execução é suficiente para permitir o pronto afastamento da personalidade jurídica e a consequente apreensão de bens particulares do sócio, dado que em hipótese alguma os trabalhadores respondem pelos riscos da atividade empresarial (CLT, art. 2o, caput). (TRT 2 - 01548200706702009 - aP - Ac. 6aT 20081030902 - Rel. Salvador Franco de Lima Laurino - DOE 28/11/2009) A desconsideração da personalidade jurídica no processo trabalhista é a mais ampla possível. O entendimento dominante é o de que a utilização deste instituto independe de fraude, abuso de poder ou ato ilícito dos sócios; basta o inadimplemento do crédito trabalhista e que a sociedade empregadora não disponha de patrimônio para suportar a execução. Baracat, Eduardo Milléo. A desconsideração da personalidade jurídica da sociedade limitada no processo do trabalho – interpretação à luz do princípio da dignidade da pessoa humana: Revista LTr. 72- 05/576, 2008, P. 583 (TRT 3 - AP 00809-1999-087-03-00-1.; TRT - RS - AP- 00074-2000-021-04-00-3 88)
A mera constatação de insolvência da empresa durante a execução é suficiente para permitir o pronto afastamento da personalidade jurídica e a consequente apreensão de bens particulares do sócio, dado que em hipótese alguma os trabalhadores respondem pelos riscos da atividade empresarial (CLT, art. 2o, caput). (TRT 2 - 01548200706702009 - aP - Ac. 6aT 20081030902 - Rel. Salvador Franco de Lima Laurino - DOE 28/11/2009)

RESPONSABILIDADE DO SÓCIO RETIRANTE. PRINCÍPIOS DA FUNÇÃO SOCIAL DO CONTRATO, DA BOA-FÉ E DA DESCONSIDERAÇÃO DA PERSONALIDADE JURÍDICA. O ex-sócio que se beneficiou dos lucros advindos da força de trabalho do operário despendida enquanto o primeiro integrava a sociedade que o empregava, responde subsidiariamente pela dívida social contraída pela empresa com o ex-empregado, quando não encontrados bens suficientes para arcar com os débitos trabalhistas, por força dos princípios da função social do contrato, da boa-fé e da desconsideração da personalidade jurídica. (TRT 5º, Ag. Pet. No 00146-2004-016-05-00-5.)

EMENTA: SÓCIO COTISTA. RESPONSABILIDADE. DESCONSIDERAÇÃO DA PERSONALIDADE JURÍDICA. Não possuindo a empresa bens suficientes para suportar a execução forçada, devem os sócios – verdadeiros beneficiários do trabalho dos empregados – responder com seus patrimônios particulares pelas dívidas trabalhistas da sociedade. Aplicável o princípio da desconsideração da personalidade jurídica, previsto no art. 50 do Código Civil, o qual permite sejam os bens dos sócios alcançados para o pagamento de créditos trabalhistas, respondendo estes, nos casos de abuso da personalidade jurídica, caracterizado pelo desvio de finalidade ou pela confusão patrimonial, e de insuficiência do capital social para o exercício de sua atividade empresarial. No direito do trabalho, ao se aplicar a teoria da desconsideração da personalidade jurídica, a regra da responsabilidade limitada dos sócios é afastada, a fim de possibilitar ao empregado a satisfação total do seu crédito. Agravo não provido. – 1ª Turma (processo 00778-1997-121-04-00-8 AP), Relatora a Exma. Juíza Maria Helena Mallmann.

EMENTA DESCONSIDERAÇÃO DA PERSONALIDADE JURÍDICA. SOCIEDADE ANÔNIMA. DIRECIONAMENTO DA EXECUÇÃO AOS ADMINISTRADORES. Aplicável na execução trabalhista a desconsideração da personalidade jurídica para alcançar o gestor de sociedade anônima, acionista ou não, ocupante de cargo relevante na empresa. A medida encontra respaldo, entre outros diplomas, no art. 158 da Lei 6.404/76, e no Código de Defesa do Consumidor (Lei 8.078, de 11/12/90), que em seu art. 28 não distingue entre os regimes jurídicos das Sociedades Anônimas e das Sociedades de Responsabilidade Limitada. Possível assim, na falta de bens da sociedade, proceder-se ao soerguimento do véu corporativo da executada para que siga a cobrança na pessoa de seus gestores. Mormente *in casu*, ante as evidências de que o administrador (Diretor-Presidente) teria se apropriado, fraudulentamente, de importes monetários da empresa. Se o CDC garante a desconsideração da personalidade jurídica com vistas à defesa do consumidor, com muito mais razão há de agasalhar a pretensão do agravante, que intenta a cobrança de crédito de natureza alimentar. Configuraria inversão dos valores fundamentais tutelados pela Constituição Federal (art. 1º, iii e iV) que simples consumidor fosse destinatário de ampla proteção, podendo perseguir o patrimônio dos administradores (art.28 do CDC), e, e igual garantia não se ofertasse a quem efetivamente produziu os bens e serviços com sua força de trabalho. Também o Código Tributário Nacional, acolhe a disregard doctrine, assegurando a responsabilidade de gestores sem fazer distinção entre o regime jurídico das sociedades anônimas e das sociedades de responsabilidade limitada (art. 135). Oportuna e indispensável a incidência no processo trabalhista, da desconsideração da personalidade jurídica com vistas à garantia de efetividade das decisões judiciais, valendo lembrar que também o artigo 50 do Código Civil em vigor, dispõe sobre a responsabilidade dos administradores, com seus bens particulares, em caso de abuso da personalidade jurídica. TRT 2. Agravo provido. (Acórdão No: 20090140391, No: 02639199504602006)

As decisões apresentadas são fundamentadas em razão da natureza do crédito ser, em regra, salarial, possuindo, portanto, caráter alimentar, além de ser relacionado à hipossuficiência do empregado.

O que se depreende dessas decisões é que grande parte dos magistrados trabalhistas entendem que as relações trabalhistas são semelhantes às relações consumeristas. Todavia, o Código de Defesa do Consumidor trata somente de relação de consumo, não podendo ser aplicado na Justiça do Trabalho.

Tal afirmação é ratificada por Bruno Salama (2014, p. 203) que destaca que "embora a hipótese do CDC seja mais ampla que a do Código Civil, seu espectro de aplicação é mais restrito, contemplando apenas as relações de consumo". Deveria, portanto, ser utilizado o Código Civil, que é a regra geral e não a legislação aplicada às relações de consumo, já que se trata de uma legislação especial.

Tais decisões não obedecem aos requisitos impostos na legislação subsidiária à Consolidação das Leis do Trabalho, qual seja, o Código Civil, no seu artigo 50, o qual tem como requisitos o abuso da personalidade jurídica, caracterizado pelo desvio de finalidade, ou a confusão patrimonial.

Sendo a tese de Eduardo Milléo Baracat, que defende a aplicação da teoria menor nas relações trabalhistas, equivocada (2010, p. 196):

> A desconsideração da personalidade jurídica no processo trabalhista é a mais ampla possível. O entendimento dominante é o de que a utilização deste instituto independe de fraude, abuso de poder ou ato ilícito dos sócios; basta o inadimplemento do crédito trabalhista e que a sociedade empregadora não disponha patrimônio para suportar a execução.

Um acórdão do Tribunal Regional do Trabalho de São Paulo chega a afirmar a desnecessidade da citação do sócio, atingindo dessa forma um patrimônio de um terceiro que não é nem parte na relação processual:

> Agravo de petição. Execução na pessoa do sócio. Desnecessidade de nova citação. Na insuficiência de bens da empresa executada, age corretamente a Vara de origem, quando dirige a execução ao patrimônio do sócio, sendo desnecessária a renovação do ato de citação em seu nome, pois este é legalmente responsável pelos débitos da sociedade, nos termos do art. 592, II, do CPC. Provimento negado

(TRT/SP - 00944200300902004 - AP - Ac. 12ª. T - 20090622990 - Rel. Delvio Buffulin - DOE 28.8.2009)

A decisão acima apresentada viola o devido processo legal, a ampla defesa e o contraditório, previstos no artigo 5º, LIV e LV, da CF/88, tendo casos em que um terceiro que nada tenha a ver com a relação jurídica passa a ter seu patrimônio pessoal atingido.

As variações incluem, por exemplo, casos em que o procurador cujos recursos são bloqueados na base da *canetada* já há muito extinguiu o mandato. Em outros casos, mais graves ainda, o procurador ainda representa o cotista original, porém esse último já há muito vendeu a sua participação na empresa insolvente. Finalmente, há também casos ainda mais extremos que combinam essas duas circunstâncias: o cotista original já não é mais sócio, e o advogado responsabilizado já não é mais procurador desse ex-sócio (SALAMA, 2012, p. 330).

O Tribunal Superior do Trabalho tem ratificado esse tipo de decisão. A posição é justificada em virtude de que, caso houvesse a citação da nova parte, esvaziaria a figura da penhora on-line e de outros métodos de alcance dos bens, sendo que, alertado o executado, inviabilizar-se-ia a satisfação do crédito, conforme se depreende da decisão abaixo:

AUSÊNCIA DE CITAÇÃO NO PROCESSO DE CONHECIMENTO. INCLUSÃO DOS SÓCIOS NA LIDE NA FASE DE EXECUÇÃO. NULIDADE. NÃO-CARACTERIZAÇÃO. O procedimento levado a efeito relativamente à inclusão dos sócios empresariais na lide, na fase de execução, mediante utilização do instituto da desconsideração da personalidade jurídica como também a ciência dos atos processuais subsequentes, deram-se em observância às garantias constitucionais do devido processo legal, do contraditório e da ampla defesa. Despicienda, pois, sob a ótica processual, sua citação no processo de conhecimento, porquanto passaram a integrar a lide na fase satisfativa. AGRAVO DE PETIÇÃO. PENHORA. BENS DE EX-SÓCIO. TEORIA DA DESCONSTITUIÇÃO DA PERSONALIDADE JURÍDICA. POSSIBILIDADE EM FACE DO EXAURIMENTO DAS VIAS DE EXECUÇÃO SOBRE BENS DA EMPRESA. Verificada, na fase de execução, a insuficiência do patrimônio da empresa para a satisfação do crédito trabalhista, é cabível a aplicação da teoria da desconsideração da personalidade da pessoa jurídica a fim de possibilitar que bens de terceiro sejam atingidos com o intuito de efetivar o pagamento dos valores devidos ao empregado (Código Civil, art. 50, CDC, art. 28 c/c CTN, art.186). Demonstrado o exaurimento das vias executórias em relação à executada, sem identificação de bens providos de liquidez e passíveis de constrição, a penhora sobre bens de ex-sócio revela-se lícita e adequada aos princípios que norteiam o processo trabalhista. Precedentes do col. TST. Agravo conhecido e desprovido. (00954-2007-017-10-00-4 AP, 2 de junho de 2009, TRT 10 Região). SÓCIOS. RESPONSABILIDADE SUBSIDIÁRIA. INCLUSÃO NO PÓLO PASSIVO NA FASE DE CONHECIMENTO. DESNECESSIDADE. A figura do sócio não se confunde com a pessoa jurídica que integra, uma vez que ambos têm existência e personalidade jurídica distintas (CC, art. 20). Os atos praticados pela pessoa jurídica, enquanto titular de direitos e obrigações, não se comunicam nem se transferem, simultânea e imediatamente, à pessoa física do sócio que dela faz parte. Assim é que não há justificativa plausível para que os sócios sejam acionados em qualquer demanda que envolva a sociedade da qual é componente. A teoria da desconsideração da personalidade jurídica da sociedade, também conhecida como *Disregard of Legal Entity Doctrine*, tem como pressuposto abuso de direito, excesso de poder, meios fraudulentos e insuficiência de bens da empresa. Soa, portanto, prematuro e precipitado acionar os sócios no processo de conhecimento quando previamente ausentes as extraordinárias situações que determinam a aplicação da teoria da despersonalização da pessoa jurídica, até porque tem esta o objetivo de assegurar a efetividade da atividade jurisdicional com o pagamento ao credor. A legitimidade do sócio, por conseguinte, somente surge no momento em que se constata a absoluta incapacidade da pessoa jurídica de adimplir as suas obrigações. Antes disso, nem sequer dispõe o credor de interesse processual para acioná-lo, visto que não é admissível atuação jurisdicional inútil. Poderá ter, isto sim, direito subjetivo superveniente de demandá-lo, como expressamente previsto no inciso II do art. 592 e art. 596, ambos do CPC. Recurso improvido. 6ª VARA - BRASÍLIA/DF 06-1176/2001 NA VARA DE ORIGEM DECISÃO: 19/07/2002, TRT 10 Região. Ementa: A desconsideração da personalidade jurídica tem dado margem a divergências jurisprudenciais no que se refere ao cerceio de defesa e à ofensa ao princípio do contraditório. Por isso, muito se discute acerca da inclusão do sócio na fase executiva, sem que o mesmo tivesse participado da fase cognitiva. Entendo que, ainda que o contrato de emprego tenha sido firmado com a pessoa jurídica, é admissível a participação de seus sócios no pólo passivo da lide, vez que o hipossuficiente não tem como prever a insuficiência financeira do empregador para arcar com ônus da execução. Além disso, a inclusão do sócio no pólo passivo da lide desde a fase cognitiva lhe permitirá o exercício do amplo direito de defesa constitucionalmente garantido. (ACÓRDÃO No 24318/07 5ª. TURMA RECURSO ORDINÁRIO No 01167-2002-016-05- 00-6-RO TRT 5.)

Além da situação de os sócios serem condenados ao pagamento da dívida sem sequer ser possível a defesa, os magistrados trabalhistas brasileiros entendem que se faz necessário somente a prova de que a sociedade empresária não possui bens suficientes para pagar as suas dívidas. Assim, desrespeita-se o princípio da limitação da responsabilidade, transmutando-se as características do tipo societário em sociedade de responsabilidade ilimitada.

De forma equivocada é redirecionada a execução aos sócios, mesmo sem citação, cumprindo, na opinião dos referidos magistrados, os requisitos do artigo 50 do Código Civil, quando na realidade estava sendo aplicado, ao arrepio da lei, o artigo 28 do Código de Defesa do Consumidor.

A desconsideração da personalidade jurídica aplicada nas relações trabalhistas poderá atingir, além da pessoa do sócio, os ex-sócios, sócios gerentes e não gerentes, administradores ou não, majoritários e minoritários, com a seguinte justificativa: caso o sócio envolvido tenha se beneficiado da mão de obra do reclamante, mesmo que indiretamente, ao momento em que aquele sócio participava dos lucros sociedade empresária, deveriam ser responsabilizados.

Algumas decisões apresentadas são fundamentadas no artigo 50, do Código Civil. Entretanto, a justiça do trabalho, pelos julgados apresentados nesse item, não respeita qualquer dos seus requisitos, não questiona se o sócio contribuiu, de alguma forma, com o abuso de personalidade jurídica.

A culpa ou o dolo, que estão previstos no artigo 50 do Código Civil, são elementos dispensáveis à aplicação da desconsideração da personalidade jurídica no âmbito da justiça do trabalho, o que é contraditório, visto que são requisitos previstos e essenciais no artigo citado.

Como pode ser percebido pelas decisões colacionadas e, mesmo na decisão paradigmática, a desconsideração da personalidade jurídica ocorre, muitas vezes, somente após a penhora dos bens, rendimentos ou penhora dos sócios, sem o devido processo legal e a ampla defesa, ferindo os princípios constitucionais positivados no artigo 5º, LIV e LV da Constituição da República de 1988.

O Tribunal Regional da 15ª. Região ainda sugere uma outra possibilidade de como poderia ser aplicado o instituto da desconsideração da personalidade jurídica, dessa vez utilizando o Código Tributário Nacional e a Lei de Execução Fiscal para fundamentar a decisão:

Execução – responsabilidade do sócio. Em face da ausência de bens da sociedade para responder pela dívida trabalhista, respondem os sócios com o patrimônio pessoal, conforme preconizam os arts. 592 e 596 do CPC c/c o inciso V do art. 4º da Lei n. 6.830/80 e inciso III do art. 135 do Código Tributário Nacional, todos de aplicação subsidiária no processo do trabalho. (TRT – 15ª. R – 1ª. T – Ap. n. 26632/2003 – Rel. Eduardo B. de O. Zanella – DJSP 12.9.13 – p. 19) (RDT n. 10 – Outubro de 2003.)

Todavia, não cabe a aplicação da desconsideração da personalidade jurídica fundamentada no Código de Defesa do Consumidor, muito menos no Código Tributário Nacional ou na Lei de Execução Fiscal, por ambos se tratarem de legislação específica. Caberá a aplicação da desconsideração desde que seja aplicado o artigo 50, do Código Civil.

Caroline Hammerschmidt Amaro Tosi (2014, p. 61) ratifica esse posicionamento afirmando que "a desconsideração da personalidade jurídica não é vedada no Direito Trabalhista. Como se sabe, de acordo com a Teoria Maior Subjetiva, estando presentes o abuso de direito ou a fraude à lei pode se dar aplicação do instituto".

As decisões apresentadas nesse item violam os artigos 1º, 5º, incisos II, XXII, XXXV, LIV, LV, e 93, IX, da Constituição Federal de 1988, além de irem de encontro ao artigo 50 do Código Civil. Desrespeitam, ainda, a ampla defesa, o contraditório e o devido processo legal, demonstrando o abuso do direito processual e prejudicando sobremaneira os investimentos no Brasil.

2. A Escola Austríaca de Economia

A Escola Austríaca de Economia foi batizada com esse nome em virtude de os seus primeiros autores terem estudado e lecionado na Universidade de Viena, na Áustria. O primeiro autor dessa escola foi Carl Menger (IORIO, 2011, p. 15).

O livro que inaugurou a linha de pensamento denominada da Escola Austríaca de Economia foi *Princípios da Economia Política*, de Carl Menger, lançado em 1871, em Viena, (IORIO, 2014, p. 9) e iniciava uma das revoluções mais importantes da economia, a Revolução Marginalista (FEIJÓ, 2000, p. 28), tendo como maior característica trazer o homem para o centro da economia.

No período que foi de 1871 a 1874, além do trabalho de Carl Menger, outras duas obras que fazem parte da chamada Revolução Marginalista foram lançadas. Na Inglaterra, Willian Stanley Jevons escreve sua *Teoria da Economia Política* e, na França, Leon Walras apresenta à comunidade científica o livro *Elementos de Economia Política* (FEIJÓ, 2000, p. 28).

Menger e os outros autores que iniciaram apresentaram novas ideias contra o cenário até então existente. Essas ideias são representadas pela Teoria do Valor Subjetivo e pela Lei de Utilidade Marginal, no qual o ser humano passa a ser o ator criativo e protagonista de todos os processos e eventos sociais (subjetivismo), assim como a elaboração, com base no subjetivismo, e pela primeira vez na história do pensamento econômico, de toda uma teoria formal sobre o aparecimento espontâneo e evolução de todas as instituições sociais (econômicas, jurídicas e linguísticas) entendidas como esquemas pautados de comportamento. Todas estas ideias se incorporam no livro intitulado *Princípios da Economia Política*, publicado por Menger em 1871, que haveria de converter-se num dos livros mais influentes na história do pensamento econômico (SOTO, 2010, p. 59).

Antes da Revolução Marginalista, a teoria na qual a economia baseava os seus conhecimentos era conhecida com Teoria do Valor Trabalho, conforme Karl Marx (1996, p. 169):

> Só a quantidade de trabalho socialmente necessário ou o tempo de trabalho socialmente necessário para produzir um valor de uso é que determina o seu valor. A mercadoria isolada vale aqui como exemplo médio da sua espécie. Mercadorias contendo igual quantidade de trabalho, ou que podem ser produzidas no mesmo tempo de trabalho, têm por isso o mesmo valor. O valor de uma mercadoria relaciona-se com o valor de outra mercadoria, da mesma forma que o tempo de trabalho necessário para a produção de uma delas se relaciona com o tempo de trabalho necessário para a produção da outra. Como valores, todas as mercadorias são apenas medidas de tempo de trabalho cristalizado.

A teoria citada não pertence a Marx, e sim a Adam Smith, conforme Jesus Huerta de Soto (2010, p. 59): "O jovem Menger, desde muito cedo, se deu conta de que a teoria clássica de determinação dos preços, tal como havia sido elaborada por Adam Smith e seus seguidores anglo saxônicos, deixava muito a desejar."

A mudança de perspectiva do valor objetivo para o valor subjetivo permitiu uma mudança de foco, sendo o principal deles o interesse em satisfazer o consumidor, já que os empreendedores terão que saber o que porventura agrada seus potenciais clientes.

2.1. Fundamentos da Escola Austríaca

A Escola Austríaca tem como fundamento uma tríade concomitante e complementar, formada pelos conceitos de ação humana, tempo dinâmico e pela hipótese acerca dos limites ao nosso conhecimento (IORIO, 2011, p. 15).
A ação humana, segundo Ludwig von Mises (2010, p. 35), "é o comportamento propositado. Também podemos dizer: ação é a vontade posta em funcionamento, transformada em força motriz; é procurar alcançar os fins e objetivos; é a significativa resposta do ego aos estímulos e às condições do seu meio ambiente; é o ajustamento consciente ao estado do universo que lhe determina a vida".

A ação humana, para a Escola Austríaca de Economia, tem uma característica essencial, conforme destacada por Iorio (2011, p. 18): "significa qualquer ato voluntário, qualquer escolha feita deliberadamente com vistas a se passar de um estado menos satisfatório para outro, considerado mais satisfatório no momento da escolha."

O exame dos problemas econômicos tem necessariamente de começar por atos de escolha: a economia torna-se uma parte – embora até agora a parte elaborada – de uma ciência mais universal: a *praxeologia*[1] (MISES, 2010, p. 23-24), que seria o estudo da Ação Humana.

A tríade tem o segundo componente chamado de concepção dinâmica do tempo, ou tempo subjetivo – ou ainda, tempo real – em que o tempo é abordado como algo dinâmico, fruto de um fluxo permanente de novas experiências, que não está no tempo, mas que é o próprio tempo (IÓRIO, 2011, p.18).

Sendo esse tempo dinâmico, o homem passa a aprender com seus erros e acertos, experiências diárias que poderão lhe ajudar a superar os desafios do dia a dia, podendo assim corrigir o rumo de suas ações, estabelecendo novos planos e metas. Segundo Ubiratan Iório (2013, p. 13) "o conceito de tempo real é fundamental para que se possa entender a natureza da ação humana: agindo, os indivíduos acumulam continuamente novas experiências, o que gera novos conhecimentos, o que, por sua vez, os leva a alterarem frequentemente seus planos e ações".

O terceiro elemento da tríade é a limitação do conhecimento humano, pois há "limites inescapáveis à capacidade da mente humana que a impedem de compreender integralmente a complexidade dos fenômenos sociais e econômicos (IORIO, 2013, p. 13)". José Ortega y Gasset (1986, p. 51) define bem afirmando que "o olho não se vê a si mesmo". Friedrich August von Hayek (1985, p. 7) demonstra que é exatamente essa limitação do conhecimento humano que permite o desenvolvimento da humanidade e que seria uma arrogância fatal querer controlar esse conhecimento, inexoravelmente limitado:

> Nossa irremediável ignorância da maioria dos fatos particulares que determinam os processos da sociedade é, no entanto, a razão pela qual a maioria das instituições sociais assumiu a forma que realmente tem. Falar de uma sociedade cujos fatos particulares o observador ou qualquer de seus integrantes conhece em sua totalidade é falar de algo inteiramente diverso de tudo que jamais tenha existido – uma sociedade na qual praticamente tudo que se encontra na nossa não existiria e não poderia existir e que, se jamais existisse, possuiria propriedade que nem sequer somos capazes de imaginar.

Hayek (1983, p. 21) destaca que o "conhecimento consciente, que orienta as ações do indivíduo, constitui apenas uma parte das condições que lhe permitem alcançar seus fins". E complementa afirmando que:

Em primeiro lugar, sabemos que a própria mente adulta do homem é produto da civilização na qual ele cresceu, quase sem se dar conta da experiência que a formou – experiência da qual se utiliza e que está incorporada nos hábitos, convenções, linguagem e princípios morais que a constituem. Em segundo lugar, é preciso considerar o conhecimento que a mente individual coordena conscientemente é apenas uma pequena parte do conhecimento que, a cada momento, contribui para o êxito dos seus atos.

Ou seja, o único conhecimento que existe é o conhecimento individual e este é limitado, não podendo se falar em conhecimento coletivo. E ainda que o homem se orgulhe da ampliação do seu conhecimento, não poderá esquecer que o aumento de sua ignorância é diretamente proporcional à ampliação do seu conhecimento. (HAYEK, 1983, 23).

2.2. Carl Menger, a Teoria do Valor Subjetivo e a Lei de Utilidade Marginal

Carl Menger é responsável por duas grandes criações na economia, a Revolução Marginalista – da qual foi co-fundador junto com Walras e Jevons – e pelo início da Escola Austríaca de Economia.

Menger nasceu na Galícia, parte do Império Austro-Húngaro (atual sul da Polônia), em uma família próspera. Tinha dois irmãos também talentosos; Anton foi filósofo e historiador jurídico socialista, e Karl foi um matemático importante. Carl concluiu seu doutorado em Direito na Universidade de Cracóvia, em 1867.

Como resultado da publicação de seu livro *Princípios de Economia Política*, em 1871, foi-lhe concedido um doutorado e depois uma cátedra na Universidade de Viena, que ocupou até 1903. Em 1876, assumiu o cargo de tutor do príncipe herdeiro Rodolfo da Áustria. Nessa qualidade, viajou por toda a Alemanha, França, Suíça e Inglaterra.

O livro *Princípios de Economia Política* é considerado original por sua "tentativa de construir toda a economia partindo do ser humano" (SOTO, 2010, p. 60). A concepção da economia até aquele momento era objetivista, ou seja, centrada nas classes sociais, agregados e fatores materiais de produção.

Essa concepção original, de cunho subjetivista e axiológico, foi o que deu início à Escola Austríaca de Economia, ocorrendo uma revolução no conhecimento acerca de como se dão as relações econômicas, as preferências dos consumidores e, consequentemente, a alocação dos recursos de capital para corresponder a essas preferências. De acordo com Schumpeter (1969, p. 86), "Menger não foi pupilo de ninguém e o que foi criado por ele permanece... As teorias do valor, preço e distribuição de Menger são as melhores que temos até o momento."

Ludwig von Mises (1969, p. 9-10) assume que a Escola Austríaca de Economia somente passou a existir com Carl Menger: "o que se conhece como Escola Austríaca de Economia começou em 1871 quando Carl Menger publicou um pequeno livro sobre o título original *Grundsätze der Volkswirtschaftslehre* (*Princípios de Economia Política*). Até o final dos anos 1870 não existia 'Escola Austríaca'. Existia apenas Carl Menger".

Hayek (1952, 62) complementa afirmando que após as ideias de Menger, o qual estabeleceu algumas premissas para análise da economia, é que foi possível se falar em Escola Austríaca: "as ideias fundamentais da Escola Austríaca pertencem inteira e completamente a Carl Menger...o que é comum aos membros da Escola Austríaca, o que constitui sua peculiaridade e o que serviu de fundamento para suas contribuições posteriores, é sua aceitação dos ensinamentos de Carl Menger".

Hayek (1952, p. 30) destaca que a nova concepção de Menger – subjetivista – é um dos maiores avanços da ciência econômica, uma vez que deixa de lado o produto e o que passa a importar é o interesse subjetivo do consumidor: "provavelmente não é exagero afirmar que todos e cada um dos avanços mais importantes na teoria econômica que tiveram lugar durantes os últimos cem anos foram resultado de uma aplicação consistente da concepção subjetivista".

Ainda no *Princípios de Economia Política*, Menger (1987, p. 243) estabelece a lei de causa e efeito como um princípio que não sofre exceção. A partir dessa premissa, passa a estabelecer o indivíduo como o centro de tudo que envolve o nosso mundo:

> Todas as coisas são regidas pela lei da causa e efeito. Esse grande princípio não sofre exceção; seria inútil procurar algum exemplo contrário, no âmbito empírico. O progresso do desenvolvimento humano não tende a anular ou enfraquecer esse princípio, mas antes a confirmar sempre mais sua validade, ampliando cada vez mais o âmbito de sua aplicação; portanto, o reconhecimento incondicional e crescente desse princípio está ligado ao próprio progresso humano.

A partir dessa premissa, Menger (1987, p. 283) passou a tratar da Teoria Valor, não mais centrada em um objeto, mas no interesse que o indivíduo possa ter por determinado bem, definindo que "quando a demanda de um bem, dentro de um período em que se estende a atividade de previsão das pessoas, é maior que a quantidade do respectivo bem de que podem dispor dentro desse período, as pessoas, no afã de satisfazer, de maneira mais completa, suas necessidades em relação ao respectivo bem, sentem-se estimuladas a desenvolver as atividades acima descritas, que caracterizamos como sua economia".

A novidade da ideia acima está no foco das pessoas, ou seja, são elas que atribuirão valor a determinado bem, fazendo uso de suas escolhas e dos seus interesses para que esse bem seja valorizado ou não (MENGER, 1987, p. 283): "No momento em que as pessoas (envolvidas em atividades econômicas) se derem conta desse fato, e, por conseguinte, perceberem que o atendimento de uma de suas necessidades concretas está na dependência de qualquer parcela que consumirem do respectivo bem, esses bens adquirem, para essas pessoas, o significado do que denominamos valor".

O valor dado aos bens dependerá da escassez do bem e do quão útil ou importante esse bem será para uma pessoa, ou seja, "o valor é por sua própria natureza algo totalmente subjetivo" (MENGER, 1987, 285), podendo variar em diversas situações. Ao dar maior ou menos importância a determinado bem em detrimento de outro – seja em virtude de preferências subjetivas, seja em virtude de sua maior ou menor abundância no mercado – o consumidor confere a esse bem um valor específico – que, naturalmente, poderá variar ao longo do tempo – e, consequentemente, indica ao produtor ou fornecedor desse bem seu preço ou valor de mercado. O preço, desse modo, é nada mais que um sinal, uma informação, de caráter eminentemente subjetivo, para o empresário. Menger (1987, p. 285) dá o seguinte exemplo:

> Se os habitantes de uma aldeia necessitam diariamente de 1000 baldes de água para cobrir plenamente suas necessidades, e dispõem de um riacho que fornece 100 mil baldes por dia, determinada parcela dessa água – por exemplo, um balde – não tem valor para ele, pois poderão continuar a satisfazer à sua necessidade de água, mesmo que essa quantidade parcial lhes seja subtraída ou perca sua qualidade de bem. Pelo contrário, deixarão tranquilamente vazar para o mar, a cada dia, milhares de baldes de água, sem que, com isso, sofra o atendimento de suas necessidades de água. Por conseguinte, enquanto permanecer essa situação (que faz com que a água, no caso, seja um bem não econômico), não se pode dizer que o atendimento de alguma de suas necessidades depende do fato de poderem dispor de um balde individual de água, razão pela qual, no caso, um balde de água não representa um valor para essa população ribeirinha. Ao contrário, se, em virtude de uma seca extraordinária, ou devido a qualquer outro fenômeno da

natureza, o referido riacho passasse a fornecer aproximadamente quinhentos baldes de água por dia, e se os mencionados moradores não tivessem nenhuma outra fonte de provisão, não poderiam perder a quantidade mínima de água disponível – por exemplo, um balde – sem sofrerem, com isso, prejuízo no atendimento de suas necessidades; nesse caso, essa parcela mínima de água passaria a ter valor para eles.

O valor está no juízo que as pessoas que tem interesse sobre o bem fazem dele para a conservação da sua vida e do seu bem-estar, só existindo na consciência das pessoas em questão (MENGER, 1987, p. 287).

Essa foi a mudança clara que Menger causou, saindo o foco do valor no bem ou no serviço e passando a ser pensado pela perspectiva de quem compra o bem ou faz uso do serviço, podendo valer mais para uma pessoa do que para outra, já que o valor é subjetivo. De acordo com Carl Menger (1987, p. 287), "o valor dos bens não é algo arbitrário, mas sempre a consequência necessária do reconhecimento do homem de que é do livre usufruto deles (ou de certas quantidades dos mesmos) que depende a conservação de sua vida ou de seu bem-estar, ou pelo menos de parte desse bem-estar".

A partir desse axioma foi criada a Lei da Utilidade marginal. A pergunta-modelo desse problema pode ser a seguinte: "O que vale mais: água ou diamante?". Como resolver esse paradoxo? Rodrigo Constantino (2009, p. 19) faz a seguinte explicação:

> Um exemplo clássico para reforçar esse ponto é comparar a água ao diamante. Um pouco de água, via de regra, não tem valor algum para os homens, enquanto uma pedrinha de diamante costuma ter valor elevado. Mas numa situação anormal em que a água não exista em abundância, como num deserto, qualquer porção dela passa a ter valor elevado. Nesse caso, a maioria dos indivíduos não trocaria um pouco de água nem mesmo por meio quilo de ouro ou diamante.

A resolução foi tratar o valor como algo subjetivo, no qual "o valor dos bens está fundado na relação que têm com as nossas necessidades, mas não nos próprios bens." (MENGER, 1987, p. 285) Ubiratan Jorge Iório (1997, p. 65) define a Lei da Utilidade Marginal da seguinte forma:

> O passo seguinte, na direção correta, foi o de atribuir valor à escassez e à utilidade, mas ainda de maneira objetiva, o que levou ao "paradoxo do valor", a que já nos referimos anteriormente, sem que o problema fosse solucionado. Garrafas de vinho quebradas nas calçadas são escassas nos bairros limpos, mas nem por isso valem alguma coisa; poucos bens são tão úteis quanto o ar que, no entanto, não tem valor de mercado. No entanto, se considerarmos a utilidade e a escassez de modo subjetivo, estaremos caminhando na direção e no sentido corretos: poderemos deduzir, a partir de conceitos praxeológicos, a teoria do valor que se adapta à realidade, que é a Lei de Utilidade Marginal.
> Essa importante lei pode ser explicada com base no fato de que o homem, ao agir, escolhe seus objetivos e os ordena em uma escala valorativa própria, isto é, que não é intrínseca aos objetivos. Ao mesmo tempo, para chegar a esses objetivos, ele usa uma série de meios, que são formados por unidades capazes de proporcionar o mesmo serviço.

Para facilitar o entendimento do que já foi dito, será usado o critério de 1 a 10 definido por Menger (1987, 290), no qual designaremos com o número 10 a importância que depende a conservação da nossa vida, e de 9 a 0 o atendimento das demais necessidades. Por exemplo (MENGER 1987, p. 292-293):

> Depois de uma colheita abundante, um agricultor isolado dispõe de 200 medidas de trigo. Parte desse estoque serve para assegurar a ele e à família a conservação da vida, até a próxima colheita; outra parte serve para conservar sua saúde e a de sua família; uma terceira parte é reservada para a próxima semeadura; uma quarta pode ser usada

por ele para fazer cerveja, conhaque e outras finalidades ditadas pelo luxo; outra parte servirá para engordar seu gado; finalmente, sobram algumas medidas de trigo que, não podendo ser utilizadas para atender a outras necessidades mais importantes, são destinadas (pelo agricultor) à alimentação de animais de estimação, para de alguma forma aproveitar essa sobra.

(...)

Ninguém negará que é muito diferente o grau de importância das várias necessidades a serem, no caso, atendidas pelas diversas porções de trigo, escalonando-se esses graus de importância decrescente do número 10 até o número 1 (para utilizar a escala acima produzida); ao mesmo tempo, ninguém poderá negar que algumas porções do trigo (por exemplo, aquela que servirá de alimento para o agricultor e sua família até a próxima safra) têm para ele valor maior, ao passo que outras porções de mesma qualidade (por exemplo, aquelas com as quais produzirá bebidas) têm valor menor.

Gabriel Zanotti (1981, p. 34-35) oferece um exemplo para esclarecer ainda melhor a Lei de Utilidade Marginal:

> Imaginemos que disponho do meio 'folha de papel', dividido em cincos unidades (cinco folhas de papel), cada um capaz de proporcionar o mesmo serviço. Logo, ordeno meus fins (necessidades) em uma escala valorativa pessoal e subjetiva. A primeira folha emprego para resolver um exercício de lógica; a segunda, para escrever um poema; a terceira, para praticar caligrafia; a quarta, para testar a minha lapiseira, e a quinta, para limpar o escritório. Observamos que, à medida que aumenta o número de unidades do bem, o valor da última (que se denomina valor marginal, assim como a última unidade é a unidade marginal), vai caindo, pois essa unidade é utilizada para o grau mais baixo de prioridades do sujeito; sucede o contrário quando cai o número de unidades.

O valor, portanto, é algo subjetivo, não havendo como determinar o que será mais valioso para as pessoas. Obviamente um bem pode ter valor para um indivíduo e não ter valor algum para outro (MENGER, 1987, p. 304).

A Teoria do Valor Subjetivo e a Lei de Utilidade Marginal são as grandes inovações de Carl Menger, mecanismos necessários para a análise da criação ou não de uma sociedade empresária, medindo possibilidades e riscos, inclusive a causa e consequência da aplicação da desconsideração da personalidade jurídica, uma vez que quando não se há previsibilidade na aplicação do instituto isso prejudicará os empreendedores e o cálculo dos seus riscos.

2.3 Ludwig von Mises e a Praxeologia

Ludwig von Mises pertence à terceira geração da Escola Austríaca, sendo Friedrich von Wieser (1851-1926) e Eugen von Böhm-Bawerk (1851-1914) os sucessores diretos de Carl Menger.

No dia 20 de setembro de 1881, Ludwig von Mises nasceu, na cidade de Lemberg, que na época integrava o Império Austro-Húngaro. No início do século XX, ele ingressou na Universidade de Viena, obtendo o doutorado em Direito e Economia, em 1906. "Em pouco tempo ele se projetou como um dos mais aplicados alunos do seminário de Böhm-Bawerk" (FEIJÓ, 2000, p. 92).

Ricardo Feijó (2000, p. 92) descreve bem o momento histórico em que Mises passa a ser o principal representante da Escola Austríaca de Economia:

> Com o afastamento precoce de Menger na Universidade de Viena, Wieser sucedera-lhe na cadeira de Economia. Foi entretanto outro seguidor de Menger, Böhm-Bawerk, que haveria de atrair em torno de seus seminários a atenção de jovens talentos, nos anos que antecederam a Primeira Guerra Mundial. Entre os que se reuniam para ouvir as preleções de Böhm-Bawerk aparecem Schumpeter e von Mises, até o falecimento dele no ano de 1914. Sete anos depois, a vida de Menger também foi interrompida e com a saída

de cena desses dois grandes mestres da Escola Austríaca as atenções se voltaram para as ideias de von Mises e de jovens estudantes austríacos que por essa época iniciavam seus primeiros trabalhos. Entre eles estava F.A. Hayek.

Nos anos 20 e 30, as discussões econômicas entre os pensadores austríacos concentram-se mais no ambiente fora da Universidade. Na Câmara do Comércio de Viena, Mises organizou os famosos seminários (*Privatseminars*) que reuniam economistas, sociólogos e cientistas políticos.

Entretanto, Mises entendeu que seus professores "não tinham levado sua análise tão longe quanto era possível, e, em consequência, restavam ainda importantes lacunas na teoria econômica da Escola Austríaca (ROTHBARD, 2010, p. 19)"

Uma das principais contribuições de Ludwig von Mises foi a *praxeologia*, ou seja, o estudo da ação humana. Ele afirma no segundo capítulo do livro *Ação Humana* (2010, p. 57) que "existem dois ramos principais das ciências da Ação Humana: a praxeologia e a história".

A praxeologia é definida (MISES, 2010, p. 54) como "a ciências histórica da razão humana, [que] lida com a ação propositada do homem". Ou seja, refere-se ao significado que o agente homem atribui às suas ações (MISES, 2010, p. 54).

Segundo Ludwig von Mises (2010, p. 55), "o objeto do estudo da praxeologia é a ação humana. Lida com o homem como homem, e não com o homem transformado numa planta e reduzido numa existência meramente vegetativa".

A história, segundo Mises, seria um dos principais ramos da ciência humana (MISES, 2010, p. 57):

> História é o conjunto e arrumação sistemática de todos os dados relativos à experiência da ação humana. Lida com o conteúdo concreto da ação humana. Estuda todos os esforços humanos na sua infinita variedade e multiplicidade, e todas as ações individuais com todas as suas implicações acidentais, especiais ou particulares. Examina as ideias que guiam o agente homem e o resultado de suas

ações. Abrange todos os aspectos das atividades humanas. É, por um lado, história geral e, por outro, a história de vários segmentos mais específicos. Existe a história da ação política e militar, das ideias e da filosofia, das atividades econômicas, da tecnologia, da literatura, da arte e ciência, da religião, dos hábitos e costumes e de muitos outros aspectos da vida humana. Há também a etnologia e a antropologia, desde que não seja uma parte da biologia, e há ainda a psicologia enquanto não seja fisiologia, nem epistemologia, nem filosofia. Existe ainda a linguística, enquanto não seja lógica nem filosofia do idioma. O tema de todas as ciências históricas é o passado. Elas não nos podem ensinar algo que seja aplicável a todas as ações humanas, ou seja, aplicável também ao futuro. O estudo da história torna o homem sábio e judicioso. Mas não proporciona conhecimento e habilidade que possam ser utilizados na execução de tarefas concretas.

A história serve para se aprender com o passado; Todavia, não tem capacidade para lidar com o futuro em virtude da sua imprevisibilidade. As novas habilidades precisam ser adquiridas e utilizadas para o bem-estar do homem e somente a praxeologia vai permitir isso.

A praxeologia é a busca incessante pelo homem para sair de uma situação de menor bem-estar em direção a uma situação de maior bem-estar, ou seja, o objetivo que o homem sempre teve de melhorar sua própria vida e as condições em que vive. Segundo Mises (2010, p. 156-157):

> Quando o agente homem tem que optar entre dois ou mais meios diferentes, ele ordena as distintas porções de cada um deles. Atribui a cada porção sua posição segundo uma hierarquia de satisfação. Isto não significa que as várias porções do mesmo meio tenham que ocupar posições sucessivas nesta hierarquia.
> O estabelecimento desta hierarquia mediante a valoração é feito exclusivamente pela ação e através da ação. O tamanho que uma porção precisa ter para merecer uma posição isolada na hierarquia

depende das condições únicas e individuais segundo as quais o homem age em cada caso. A ação não lida com unidades físicas ou metafísicas avaliadas de maneira abstrata e acadêmica; a ação é sempre uma escolha entre alternativas. Esta escolha tem que ser feita, necessariamente, entre quantidades específicas de meios. Podemos chamar de unidade a menor quantidade que possa ser objeto de uma escolha. Mas devemos estar prevenidos para não incorrermos no erro de considerar que o valor de uma soma de tais unidades deriva do valor das unidades; o valor da soma não coincide com a adição do valor atribuído a cada unidade.

Suponhamos que um homem possua cinco unidades do bem a e três unidades do bem b, e que atribua às unidades de a as seguintes posições na hierarquia de satisfação: 1, 2, 4, 7 e 8; e às unidades de b, as posições 3, 5 e 6. Isto significa: se tiver que escolher entre duas unidades de a e duas unidades de b, preferirá perder duas unidades de a a duas unidades de b.

Mas, se tiver que escolher entre três unidades de a e duas unidades de b, preferirá perder as duas unidades de b às três unidades de a. Ao valorar um conjunto de diversas unidades, o que importa sempre e somente é a utilidade do conjunto como um todo – isto é, o incremento de bem-estar que dele depende ou, o que é o mesmo, a redução de bem-estar que sua perda provocaria. Não é necessário recorrer a processos aritméticos, nem a somas, nem a multiplicações; trata-se tão somente de estimar a utilidade decorrente de possuir o conjunto, ou uma parte dele.

Neste contexto, *utilidade* significa simplesmente: relação causal para a redução de algum desconforto. O agente homem supõe que os serviços que um determinado bem podem produzir irão aumentar o seu bem-estar e a isto denomina utilidade do bem em questão. Para a praxeologia, o termo utilidade é equivalente à importância atribuída a alguma coisa em razão de sua suposta capacidade de reduzir o desconforto. A noção praxeológica de utilidade (valor de uso subjetivo segundo a terminologia dos primeiros economistas da Escola Austríaca) deve ser claramente diferenciada da noção tecnológica de utilidade (valor de uso objetivo, segundo a terminologia dos mesmos economistas). Valor de uso objetivo é a relação entre uma coisa e o efeito que a mesma pode produzir. É ao valor de uso objetivo que nos referimos ao empregar termos tais como "valor calórico" ou "potência calorífica" do carvão. O valor de uso subjetivo não coincide necessariamente com o valor de uso objetivo. Existem coisas às quais é atribuído um valor de uso subjetivo, porque as pessoas erroneamente acreditam que tenham capacidade de produzir um efeito desejado. Por outro lado, existem coisas capazes de produzir um efeito desejado, às quais nenhum valor de uso é atribuído, porque as pessoas ignoram esta possibilidade.

A ideia de melhorar a situação do ser humano por meio da ação humana no valor subjetivo que ele mesmo se impõe é definido como o princípio básico da praxeologia, a qual trabalha com o apriorismo metodológico – "doutrina segundo a qual existe conhecimento que antecede a experiência (ou as percepções sensoriais) (MISES, 2010, p. 62)".

A explicação sobre o apriorismo metodológico da praxeologia é dada pelo próprio Mises em seguida na sua obra *Ação Humana* (2010, p. 62-63).

Qualquer pessoa no seu dia a dia frequentemente é testemunha da imutabilidade e da universalidade das categorias do pensamento e da ação. Quem se dirige aos seus semelhantes, querendo informá-los ou convencê-los, perguntando e respondendo, só pode assim proceder porque está dotado de algo comum a todos os homens: a estrutura lógica da razão humana. A ideia de que A possa ser ao mesmo tempo anti A, ou que preferir A e B possa ser a mesma coisa que preferir B e A é simplesmente inconcebível e absurda para a mente humana. Não temos condição de compreender qualquer tipo de pensamento pré-lógico ou metalógico. Não podemos imaginar um mundo sem causalidade e teleologia.
Não interessa ao homem determinar se existem, além da esfera acessível à sua inteligência, outras esferas nas quais haja algo categoricamente diferente do pensamento e ação

humanos. Nenhum conhecimento dessas outras esferas penetra na mente humana. É inútil perguntar se as coisas, em si mesmas, são diferentes de como as vemos, ou se existem mundos inacessíveis e ideias impossíveis de serem compreendidas. Esses problemas estão além do alcance da cognição humana. O conhecimento humano é condicionado pela estrutura da mente humana. Se, como tema de investigação, se escolhe a ação humana, isto significa que forçosamente iremos estudar as categorias da ação que são próprias à mente humana e que são sua projeção no mundo exterior em evolução e mudança. Todos os teoremas da praxeologia se referem sempre a essas categorias da ação e são válidos apenas na órbita em que operam tais categorias. Assim sendo, não contribuem com qualquer informação acerca de mundos e relações nunca sonhados ou nunca imaginados. Portanto, a praxeologia é duplamente humana. É humana porque reclama para os seus teoremas validade universal em toda ação humana. É humana também porque lida apenas com a ação humana e não pretende saber nada sobre ações não humanas — sejam elas sub-humanas ou super-humanas.

A partir do raciocínio lógico-dedutivo, que se apresenta já na ideia de causa e efeito de Menger, são apresentados os axiomas da economia evidenciados por Mises, ou seja, conceitos que não poderiam ser refutados.
Segundo Jesus Huerta de Soto (2010, p. 101-102):

> A teoria econômica constrói-se assim de forma apriorística e dedutiva a partir do conceito e categoria de ação. Esta tarefa é levada a cabo partindo de um reduzido número de axiomas fundamentais que estão incluídos no próprio conceito de ação. O mais importante de todos eles é a própria categoria de ação no sentido de que os homens escolhem de forma exploratória os seus fins e procuram meios adequados para os atingir, tudo isto segundo as suas próprias escalas de valor. Outro axioma nos diz que os meios, sendo escassos, serão primeiramente destinados à consecução dos fins mais altamente valorados e apenas depois à satisfação das

restantes necessidades, que são menos urgentemente sentidas ("lei da utilidade marginal decrescente"). Em terceiro lugar, temos o axioma de que entre dois bens de características idênticas, disponíveis em momentos distintos do tempo, o bem mais prontamente disponível é sempre preferido ("lei da preferência temporal"). Outros elementos essenciais do conceito de ação humana são que a ação se desenvolve sempre no tempo, que o tempo é escasso, e que as pessoas atuam com a finalidade de passar de um estado a outro que lhes proporcione maior satisfação.

Baseando-se em raciocínios lógico-dedutivos que partem destes axiomas, Mises constrói a teoria econômica centrada nos problemas existentes na vida real e introduzindo no lugar adequado da correspondente cadeia de raciocínios lógico-dedutivos os fatos relevantes da experiência. Assim, os fatos da experiência, que são conhecidos e interpretados à luz da teoria da ação humana, são reutilizados posteriormente sob a forma de "pressupostos" para construir teoremas mais relevantes para a vida real.

Assim, para Mises, a experiência é utilizada única e exclusivamente para dirigir a curiosidade do investigador até determinados problemas. A experiência nos diz o que deveríamos investigar, mas não nos indica o caminho metodológico que devemos seguir para procurar o nosso conhecimento. Em todas as circunstâncias, segundo Mises, há que se ter sempre bem claro que, em primeiro lugar, não é possível conhecer qualquer fenômeno da realidade se esta não for interpretada previamente com recurso aos conceitos e teoremas da ação humana; e em segundo lugar, que apenas o pensamento, e em caso algum a experiência, pode dirigir a investigação no sentido das hipotéticas classes de ações humanas e problemas que, sem nunca se terem dado no passado, pode conceber-se, por algum motivo, que é possível que venham a ser relevantes no futuro.

A praxeologia parte da criação desses três axiomas – a teoria do valor subjetivo, a lei de utilidade marginal e a lei da preferência temporal – todos eles funcionando dentro do critério tempo, sendo a tríade apresentada por Ubiratan Jorge Iório: ação, tempo e conhecimento, os conceitos básicos dessa ideia.

Donald Stewart Jr (1999, p. 7) explica a praxeologia partindo da premissa de que todos nós queremos partir de 9 para 10 e nunca de 10 para 9, e tal situação só ocorre quando há uma fraude ou quando o estado nos subtrai algo à força:

> Valendo-nos de um aforismo criado pela sabedoria popular, podemos enunciar a regra básica do comportamento humano reduzindo-a à sua expressão mais simples, como sendo: "Ninguém troca 10 por 9". Vale dizer: voluntariamente, ou seja, por vontade própria, ninguém troca algo a que atribui mais valor por algo a que atribui menos valor.
> Obviamente, ninguém troca 10 por 9: ninguém troca 10 por 9 dólares. Quem quiser assim proceder não precisa encontrar um parceiro para efetuar uma troca: basta renunciar ao que tem. Os que assim o desejarem são livres para fazê-lo até o limite de suas propriedades, num primeiro momento, e até o sacrifício de sua própria vida, num caso mais extremo. Convém esclarecer, apenas por uma questão de precisão conceitual, que quem assim agisse, por livre e espontânea vontade, não estaria trocando 10 por 9; estaria preferindo se desfazer daquilo a que atribui menos valor – seus bens e sua própria vida – para receber em troca aquilo a que atribui maior valor – a gratificação dos que beneficiou ou a satisfação íntima de ter feito o que considera ser um bem.
> Ninguém, de livre e espontânea vontade, troca 10 por 9. É uma impossibilidade lógica. Ninguém conseguirá apontar uma situação ou uma circunstância em que essa regra possa ser negada. Embora, na vida real, as escolhas que temos que fazer sejam bem mais complexas, por mais complexas que sejam a lógica subjacente é sempre a mesma: ninguém troca aquilo a que atribui mais valor – no sentido mais amplo do termo – por algo a que atribua um valor menor. Ou seja: ninguém age para causar a si próprio uma insatisfação.
> Por maior que seja o grau de complexidade de nossas escolhas e das trocas que fazemos no nosso dia a dia, envolvendo valores de natureza exclusivamente material ou de natureza sentimental, moral, afetiva ou estética, a lógica subjacente será sempre a mesma. Numa troca voluntária estaremos sempre

recebendo algo a que damos mais valor e renunciando àquilo a que damos menos valor. Estaremos sempre trocando 9 por 10. Ninguém troca 10 por 9.

E se estamos sempre trocando 9 por 10 e se a outra parte também está trocando 9 por 10, temos que após uma troca voluntária ambos ganham. Ambos resultam com algo a que dão mais valor. É, como se diz no jargão econômico, um jogo de soma positiva. Numa troca voluntária há como que uma criação de valor, uma vez que ambos os participantes, pela sua própria avaliação subjetiva, tiveram um aumento de satisfação.

Um produtor de maçãs pode propor ao seu vizinho – produtor de uvas – trocar uma caixa de maçãs por uma caixa de uvas. Como tem muitas maçãs, atribui um valor maior à caixa de uvas que receberá em troca. Para ele a troca é vantajosa, porque estará trocando algo a que atribui menos valor; para o seu vizinho a troca é também vantajosa, porque para ele, pelas mesmas razões, uma caixa de uvas tem menor valor que uma caixa de maçãs.

Ludwig von Mises, no seu citado livro *Ação Humana*, analisa esse conceito de forma bastante completa, mostrando exaustivamente que toda ação humana é um comportamento propositado: visa passar de um estado de menor satisfação para um estado de maior satisfação. Essa definição de ação humana é universal; não comporta exceções: ninguém poderá apontar um vago período da história ou uma tribo da Polinésia onde essa definição não se aplique. É um comportamento intrínseco ao ser humano; faz parte da lógica da vida.

Essa lógica é prejudicada quando existe um ato de coerção, i.e, quando alguém é forçado, por uma intervenção estatal, a aceitar uma troca de 10 para 9 (STEWART JR, 1999, p. 12-13):

> Na escolha e na adoção das regras de conduta que o aparato de coerção do estado fará respeitar é indispensável levar em consideração as leis básicas do comportamento humano. Regras de conduta que nos obriguem a trocar 10 por 9, embora possam parecer benéficas no curto prazo, a longo prazo não serão

obedecidas em virtude das consequências desagradáveis, e mesmo catastróficas, que inexoravelmente provocam. Tentaremos mostrar que muitas vezes, geralmente por um ato de coerção, como por exemplo uma intervenção do estado, somos levados a tomar decisões que implicam em trocar 10 por 9, cujas consequências desastrosas não são percebidas como tendo sido causadas pela infausta intervenção que, frequentemente, continua a prevalecer simultaneamente com o alarido e a reclamação contra as consequências causadas pela própria intervenção. Ou seja: somos levados a trocar 10 por 9, continuamos a fazê-lo e ao mesmo tempo reclamamos das consequências sem nos apercebermos da causa de nosso infortúnio. É como se continuássemos a colocar a mão no fogo e a reclamar de que a nossa mão está sendo queimada, sem nos darmos conta de que a queimadura decorre de estarmos colocando a mão no fogo.

Para ilustrar essa lógica equivocada, Donald Stewart Jr (1999, p 32) cita a legislação trabalhista como uma consequência trágica da intervenção estatal:

> A relação de troca entre empregador e empregado é das mais antigas do mundo e também a que envolve o maior número de variáveis: jornada de trabalho, dias de férias (remunerados ou não), assiduidade, condições de rescisão, periculosidade, esforço físico – condições que, quando não estão explicitadas, obviamente se refletem no valor do salário. A tentativa de padronizar essas variáveis, determinando como devem ser as condições do contrato de trabalho, ao invés de permitir que as pessoas pudessem livremente pactuar as suas relações de troca, conduziu a resultados que são o oposto do que pretendiam seus mentores quando introduziram a legislação trabalhista nas relações entre empregadores e empregados.
> Convém notar que a introdução da legislação trabalhista resultou num jogo de soma negativa. Ou seja: os empregadores são obrigados a pagar mais pelo serviço contratado e os empregados recebem menos pelo serviço prestado. Ambos foram obrigados a trocar 10 por 9.

Devemos ter em mente que a legislação trabalhista representa, de uma maneira geral, de um ponto de vista estritamente econômico, uma poupança compulsória que o empregado, queira ou não queira, seja-lhe vantajosa ou não, é obrigado a fazer. Uma parte dessa poupança – férias, 13º salário, aviso prévio – fica em poder do empregador para ser devolvida ao empregado depois de um ano ou mais. A parte maior, entretanto, é entregue ao estado para ser devolvida 35 anos depois sob a forma de aposentadoria ou ao longo de sua vida, sob a forma de assistência de saúde.

Por que um empregado deve receber um 13º salário no mês de dezembro, em vez de receber essa importância todos os meses e fazer ele mesmo, se assim julgar mais importante e mais conveniente, uma poupança para ser utilizada durante o Natal? Por que não receber o valor das férias todos os meses, dando a esses recursos outras destinações mais urgentes, cabendo-lhe apenas o direito de se ausentar do trabalho durante um certo período, sem receber nada, pois já o recebeu junto com o salário? Ou mesmo não tirar férias e receber mais, o que, para inúmeras pessoas, sobretudo as que estão iniciando sua vida laboral, é uma alternativa bem mais conveniente?

Se no caso da poupança compulsória, deixada à disposição do empregador por pelo menos um ano, a situação já é um absurdo, no caso da poupança entregue ao estado o resultado é calamitoso. Obrigar o trabalhador a poupar cerca de 35% do seu salário durante 35 anos de vida para, ao final, ter direito a uma aposentadoria do INSS é inqualificável. Deve ser a isso que chamam de "justiça social".

Se considerarmos que não fosse a compulsoriedade do sistema estatal as pessoas poderiam comprar o seu próprio plano de aposentadoria e de saúde e que 10% do salário seriam suficientes para garantir, após 35 anos, uma aposentadoria bem melhor do que à que hoje os trabalhadores brasileiros têm direito; se acrescentarmos 3% a título de seguro para que, em caso de morte antes dos 35 anos, a família possa receber a aposentador como se a contribuição houvesse sido feita integralmente, e ainda 4% para atender a um seguro saúde, temos que com 17% do salário o trabalhador obteria muito mais do que obtém hoje poupando 35% do seu salário! E se, além disso, considerarmos que esse trabalhador não raro veio do Nordeste, trabalhou em diversos empregos, alguns sem carteira assinada, ficou algum tempo desempregado, quando consegue reunir toda a papelada para obter sua aposentadoria já está no limite de sua expectativa de vida – malnutrido e sem acesso a uma assistência médica eficiente – podemos aquilatar a dimensão do disparate que estamos cometendo há 50 anos. É, podemos assim qualificar, um caso de sadismo explícito.

A consequência natural dessa intervenção tão prolongadamente mantida graças ao poder de coerção do Estado, impedindo que pudesse prevalecer uma livre negociação entre as partes, consiste no fato de que mais da metade da população brasileira economicamente ativa trabalha na economia informal. E isso por quê? Porque o empregador gasta menos e o empregado ganha mais. A economia informal foi a forma que empregador e empregado encontraram para não ter que trocar 10 por 9 e poder estabelecer uma relação de troca que lhes seja mutuamente mais vantajosa. Implementada sob o galardão de ser a legislação trabalhista mais avançada do mundo, conseguiu a façanha de colocar a metade da força de trabalho na economia informal. É o preço que estamos pagando por não levar em consideração a regra do comportamento humano.

Resta claro que na ação humana o estado possui a possibilidade de prejudicar os indivíduos e seus empreendimentos, conforme destacado por Donald Stewart Júnior, já que a lógica estatal é trocar o 10 pelo 9 e nunca o 9 pelo 10, tal como acontece quando a desconsideração da personalidade jurídica é aplicada da forma equivocada, uma vez que beneficia um devedor, beneficiando todos os demais.

2.4 Friedrich August von Hayek, a Liberdade e a Lei, e a Ordem Espontânea

Jesus Huerta de Soto (2010, p. 107) descreve Friedrich August von Hayek como "uma das figuras intelectuais mais importantes do século XX. Hayek escreveu sobre economia, filosofia, teoria do estado e sobre direito, tendo recebido o primeiro Prêmio Nobel de Economia em 1974."

Em 8 de maio de 1899, Hayek nasceu num ambiente familiar cercado de acadêmicos. Seu pai era botânico e professor na Universidade de Viena. Após a Primeira Guerra Mundial, na qual Hayek lutou no *front* italiano, ele ficou em dúvida entre Psicologia – vindo a publicar o livro *The Sensory Order*, sobre o tema – e o Direito, mas "acabou se decidindo pelas Ciências Jurídicas e Sociais, especializando-se em Economia Política sob a direção de Friedrich von Wieser, porventura o mais confuso e eclético representante da Escola Austríaca de Economia (SOTO, 2010, p. 107)."

Segundo o próprio Hayek, ele deixou de ser socialista logo após a leitura da obra *Socialismo*, de Ludwig von Mises. Soto (2010, p. 108) descreve esse momento da vida de Hayek e o encontro com o seu novo mentor, Mises:

> Como afirmou o próprio Hayek, nessa época as suas ideias políticas não se diferenciavam muito das do resto dos seus companheiros: era um socialista "fabiano" que, seguindo os passos do seu mestre Wieser, pensava que a benigna intervenção do estado seria capaz de melhorar a ordem social. Foi a leitura da obra *Socialismo*, publicada por Mises em 1922, que levou a que Hayek abandonasse os ideais socialistas que havia abraçado na sua juventude. A partir de então, e graças a uma recomendação de Wieser, Hayek começou a colaborar de forma próxima com Mises no âmbito profissional. Primeiro, no Gabinete de Reparações de Guerra dirigido pelo próprio Mises, e depois como diretor do Instituto Austríaco do Ciclo Econômico que Mises havia fundado. No âmbito acadêmico, Hayek passou a ser um dos participantes mais assíduos e produtivos do seminário de teoria econômica que Mises quinzenalmente promovia em Viena.

Se Mises foi o representante da 3a geração da Escola Austríaca de Economia, Hayek é o principal representante da 4a geração, isso ocorrendo após o contato com Mises e o tendo como ponto de partida as suas ideias (SOTO, 2010, p. 108):

Assim, graças a Mises, Hayek abandonou grande parte da nefasta influência de Wieser e retomou o tronco fundamental da concepção austríaca da economia, que tendo tido origem em Menger, e tendo sido enriquecida por Böhm-Bawerk, era agora defendida por Mises frente às veleidades dos teóricos positivistas, como Schumpeter, ou mais próximos do modelo de equilíbrio, como Wieser. As relações entre Mises e o seu discípulo Hayek foram, no entanto, de alguma forma, curiosas. Por um lado, de grande admiração e respeito. Mas por outro, de algum distanciamento, dependendo das épocas e das circunstâncias. Deve-se notar uma certa ênfase de Hayek em realçar a independência intelectual relativamente a um mestre que, no entanto, e como reconhecia o próprio Hayek, acabava quase sempre por ver as suas teses suportadas pela própria evolução da realidade.

Em 1962, Hayek escreveu a obra *Os Fundamentos da Liberdade*, na qual ele discorre sobre a Liberdade e a Lei, ou seja, demonstrando que só há liberdade dentro da lei e somente o Estado de Direito permitiu isso – um dos maiores avanços trazidos pelos pensadores liberais.

O conceito de liberdade para Hayek é a ausência de coerção (1983, p. 145). E qual seria o conceito de coerção? Como é definida a coerção que tem por objetivo acabar com a liberdade?

Segundo Hayek (1983, p. 145):

> [...] a coerção ocorre quando um indivíduo é obrigado a colocar suas ações a serviço da vontade de outro, não para alcançar seus próprios objetivos mas para buscar os da pessoa a quem serve.
> [...]
> A coerção implica não só a ameaça de infligir um mal, como, também, a intenção de provocar com isso certa conduta.
> Embora o coagido ainda possa escolher, as alternativas são-lhe impostas pelo coator de modo que ele escolha o que este pretende. Ele não é totalmente privado do uso de suas faculdades mentais, mas é privado da possibilidade de utilizar seus conhecimentos para alcançar seus próprios objetivos.

Hayek (1983, p. 148) afirma que o melhor seria empregar os termos força e violência no lugar de coerção:

> Seria mais claro empregar, às vezes os termos "força" e "violência" em lugar de coerção, pois a ameaça do uso de força ou violência é a mais importante forma de coerção. Eles não são, entretanto, sinônimos de coerção, pois a ameaça de força física não é a única forma pela qual a coerção é exercida. Do mesmo modo, opressão, talvez tão oposta à liberdade quanto a coerção, deveria referir-se tão somente a uma situação de contínuos atos de coerção.

Tal situação prejudica a ordem espontânea, ou seja, "a maioria dos objetivos humanos só pode ser alcançada por uma cadeia de ações interligadas, estabelecidas como um todo coerente e baseadas no pressuposto de que os fatos serão aquilo que se espera que sejam (HAYEK, 1983, p. 146)".

Para que a humanidade possa se desenvolver "é necessário que se possam prever os eventos ou pelo menos conhecermos as probabilidades (HAYEK, 1983, p 146)", algo que não acontece quando é aplicada erroneamente a Desconsideração da Personalidade Jurídica na Justiça do Trabalho.

É importante destacar ainda que a coerção "somente poderá ser evitada ao indivíduo se garantir uma esfera privada na qual esteja protegido de tal interferência (HAYEK, 1983, p. 152)".

Não existe problema no poder exercido pelo diretor de "uma grande empresa, à qual os indivíduos se uniram espontaneamente para alcançar seus próprios objetivos (HAYEK, 1983, p. 148)". Uma das ferramentas mais brilhantes da humanidade foi exatamente a união voluntária para um determinado fim.

A solução que os homens utilizaram para criar uma esfera de livre ação foi o reconhecimento de normas gerais que regem as condições nas quais objetos e circunstâncias se tornam parte da esfera protegida de uma ou mais pessoas (HAYEK, 1983. p 153).

Sendo essas normas aceitas, poderá haver a liberdade dentro da lei, "já que essas normas permitem que cada membro delimite o conteúdo de sua esfera privada e que todos os membros reconheçam o que pertence (e o que não pertence) a tal esfera (HAYEK, 1983, p. 153)".

Segundo Ortega y Gasset (1947, p. 603), "ordem não é uma pressão exercida sobre a sociedade de fora para dentro, mas um equilíbrio gerado em seu interior". A partir dessa premissa, Savigny (apud Hayek, 1983, p. 161) defende que a "a lei é a norma que permite fixar as fronteiras invisíveis dentro das quais a existência e as atividades dos indivíduos adquirem segurança e liberdade".

A partir do cumprimento de normas abstratas é possível estabelecer uma moldura para o ambiente de liberdade, uma vez que é estabelecido o limite individual de cada um, preservando assim as relações entre os homens:

> A observância habitual dessas normas abstratas no comportamento não significa que o indivíduo as conheça, no sentido de que as possa transmitir. A abstração aparece quando o indivíduo reage da mesma forma diante de circunstâncias que têm apenas algumas características comuns. O homem, em geral, age de acordo com normas abstratas, nesse sentido, muito antes de poder expressá-las. Mesmo depois de ter adquirido a capacidade de abstração deliberada, seus pensamentos e comportamento conscientes são provavelmente ainda orientados por grande número dessas normas abstratas às quais obedece sem conseguir formulá-las. A observância geral de uma norma no comportamento do homem não significa, portanto, que ela ainda não tenha de ser descoberta e formulada verbalmente (HAYEK, 1983, p. 164).

Qual seria a natureza dessas normas abstratas? Hayek (1983, p. 164-165) explica que "normas abstratas, denominadas 'leis' no sentido estrito, tornam-se mais claras quando as contrapomos a ordens específicas".

As diferenças entre lei e ordens específicas são definidas da seguinte forma (HAYEK, 1983, p. 165):

Se tomarmos a palavra "ordem" em seu sentido amplo, as normas gerais que regulam a conduta humana poderão mesmo ser consideradas ordens. Lei e Ordens diferem do mesmo modo de proposições factuais e, portanto, pertencem à mesma categoria lógica. Mas uma norma geral respeitada por todos, ao contrário de uma ordem propriamente dita, não pressupõe necessariamente que uma pessoa a tenha emitido. Ela também difere da ordem por sua abstração e generalidade. O grau de generalidade e abstração estende-se continuamente desde a ordem que manda um indivíduo praticar certo ato em dado momento até a prescrição de que, em certas condições, qualquer ação do indivíduo terá de satisfazer certos requisitos. A lei em sua forma ideal poderia ser definida como uma ordem definitiva e válida para todos, prescrita para pessoas desconhecidas, independentemente de qualquer circunstância específica de tempo e lugar, e que se refere unicamente a condições que possam ocorrer em qualquer lugar e em qualquer tempo. É recomendável, entretanto, não confundir leis, embora devamos admitir que a fronteira entre leis e ordens se torna cada vez mais indefinida na medida em que seu conteúdo adquire maior especificidade.

A diferença básica entre os dois conceitos está no fato de que, na medida em que passamos da ordem para a lei, o centro da decisão quanto a ação a ser praticada desloca-se progressivamente de quem formula a ordem ou a lei para o agente propriamente dito. A ordem ideal determina unilateralmente a ação a ser praticada, privando o agente de qualquer oportunidade de usar o conhecimento próprio ou de seguir suas preferências. A ação praticada em conformidade com tal ordem serve exclusivamente aos interesses de quem a formulou. Por outro lado, a lei ideal oferece apenas informação adicional que o agente deve levar em conta no seu processo de decisão.

A lei, no sentido clássico, como afirmado por Hayek, somente poderá ter esse nome se for abstrata e de alcance geral. Todavia, o que acontece nos dias atuais é o desvirtuamento desse ideal de lei, de acordo com o comentário de Soto (2010, p. 124):

> Desta forma, as leis em sentido material, são substituídas por um "direito" espúrio, constituído por um conglomerado de ordens, regulamentos e mandatos de tipo administrativo nos quais se especifica qual deverá ser o comportamento concreto de cada ser humano. Assim, na medida em que o intervencionismo econômico se expanda e desenvolva, as leis em sentido tradicional deixam de funcionar como normas de referência para o comportamento individual, passando o seu papel a ser desempenhado pelas ordens ou mandatos coercivos que emanam do órgão diretivo (tenha este sido democraticamente eleito ou não) e que Hayek denomina de "legislação", por oposição ao conceito genérico de "direito". A lei perde assim o seu âmbito de aplicação prática, que fica reduzido às situações, regulares ou irregulares, às quais não chegue de forma efetiva a incidência direta do regime intervencionista.

A consequência de se ter perdido esse conceito de normas abstratas e gerais para o Direito foi o desrespeito a regramentos, visto que são criadas legislações impossíveis de serem cumpridas, prejudicando assim as pessoas e, obviamente, o mercado, processo em que as pessoas fazem suas trocas voluntárias.

Ou seja, quando não há clareza no funcionamento da norma, não se permite a liberdade que a lei fornece, uma vez que não se estabelecem os limites para que cada um possa exercer a liberdade em sua própria vida.

Por isso que é urgente a necessidade de que somente sejam criadas leis no sentido apresentado por Hayek, visto que a distorção desses conceitos permitem que o Poder Legislativo seja usado como um grande instrumento de opressão:

> É preciso lembrar também que, quanto aos atos que os indivíduos praticam em relação a outras pessoas, liberdade jamais significará outra coisa senão que tais atos são restringidos

apenas por normas gerais. Na medida em que não existe ação humana que não possa interferir na esfera privada de outro indivíduo, nunca haverá uma completa liberdade de expressão, de imprensa ou de culto. Em todos estes campos (e, como veremos adiante, também no campo contratual), liberdade de fato significa, e só pode significar, que aquilo que podemos fazer não depende de aprovação de pessoas ou autoridade e tem como único limite as normas abstratas aplicáveis igualmente a todos.

No entanto, se é a lei que nos liberta, entende-se por isso somente a lei no sentido de norma geral abstrata, ou aquilo que se define como "lei no sentido material", que difere da lei no sentido meramente formal pelo caráter das normas e não por sua origem. A "lei" que configura uma ordem específica, uma ordem que é chamada "lei" unicamente porque emana do Poder Legislativo, é o principal instrumento de opressão. A confusão entre esses dois conceitos de lei e o desaparecimento da convicção de que as leis podem governar, de que os indivíduos, ao estabelecer e ao aplicar leis no seu sentido material, não estão fazendo valer a sua vontade, são algumas das principais causas do declínio da liberdade, para o qual não só a doutrina jurídica mas também a teoria do direito muito contribuíram (HAYEK, 1983, p. 171).

Os poderes emanados do Estado – Executivo, Legislativo e Judiciário – devem se submeter ao império da lei. Nas palavras do presidente da Suprema Corte Americana, John Marshall, "o poder judicial, distinto do poder das leis, não existe. Os tribunais são meros instrumentos da lei e não têm vontade própria". [2]

A liberdade dentro da lei impede que os homens sejam governados pelo estado e sofram arbítrios fora das limitações legais, visto que, como dito acima, até mesmo seus poderes estão limitados à lei geral e abstrata:

> A verdade é que, se "governar" significa fazer os indivíduos obedecerem à vontade de outro indivíduo, o governo não detém tal poder em uma sociedade livre. O cidadão, enquanto cidadão, não pode ser governado, não pode ser submetido

a ordens neste sentido, independentemente da posição que ele exerce, a profissão que escolheu para realizar seus fins, ou quando, em conformidade com a lei, ele se torna temporariamente agente do governo (HAYEK, 1983, p. 172).

Segundo Ricardo Feijó (2000, p. 159):

> Hayek não concebe teoricamente o mercado como uma entidade concreta, pois para ele tudo o que envolve o conhecimento teórico resume-se a ser uma construção mental. O mercado, portanto, é uma abstração, a que temos acesso cognitivo pelas operações da ordem sensorial e que exemplifica a ideia hayekiana de "ordem espontânea", agora aplicada não mais para descrever a formação do conhecimento na mente humana, mas referindo-se à abstração de um processo social. No livro *Direito, Legislação e Liberdade* Hayek descreve o mercado a partir do conceito de ordem abstrata que, como sempre, é explicado não em termos de relações entre eventos físicos, mas representando uma construção subjetiva. O que caracteriza a ordem é o modo como os elementos subjetivos se relacionam.

Essa ordem é descrita por Hayek (1985, p. 36) da seguinte forma: "Por 'ordem' designamos sempre uma condição em que múltiplos elementos de vários tipos se encontram de tal maneira relacionados que, a partir de nosso contato com uma parte espacial ou temporal do todo, podemos aprender a forma expectativas que tenham probabilidade de se revelar corretas".

A ordem espontânea acontece por meio de uma sistema de integração social em que não houve um único criador, mas na qual diversas decisões individuais se somam para criar a linguagem, o direito e as instituições de forma geral.

Essa ordem espontânea é valorizada ao máximo quando existe a "submissão dos agentes a um conjunto de normas que caracterizam o estado de direito (FEIJÓ, 2000, p. 160)".
Segundo Hayek (1985, p. 43):

Uma vez que uma ordem espontânea resulta da adaptação de elementos individuais a circunstâncias que afetam diretamente apenas algum deles, e que em sua totalidade não precisam ser conhecidas, ela pode estender-se a circunstâncias tão complexas que mente alguma é capaz de compreendê-las todas. Por isso o conceito se torna particularmente importante quando passamos dos fenômenos mecânicos àqueles 'de mais alto grau de organização' ou essencialmente complexos, tais como os encontramos nos reinos da vida, da mente e da sociedade. Nesse caso estaremos frente a estruturas 'resultantes de evolução' dotadas de um grau de complexidade que assumiram – e só puderam assumir – por terem resultado de forças ordenadoras espontâneas.

Para que a ordem espontânea ocorra, dois atributos são importantes para o seu desenvolvimento (FEIJÓ, 2000, p.161):

1. A ordem espontânea de mercado é voltada apenas para os meios de que dispõe cada indivíduo, não havendo necessidade de concordância entre eles em relação aos fins. O mercado para Hayek não visa atender a uma hierarquia externa de objetivos, mas serve apenas à multiplicidade de fins particulares que cada um persegue ao guiar suas ações.

2. Os propósitos particulares dos indivíduos que atuam no mercado podem ser reconciliados sem a necessidade de um consenso prévio quanto aos fins, o que evitaria uma fonte potencial de conflitos entre eles, mantendo coesa a sociedade. Ao conformar os indivíduos a aceitarem um conjunto de normas (por exemplo, o reconhecimento da propriedade privada), o mercado possibilita-lhes beneficiarem-se mutuamente, coordenando suas ações pela convergência de expectativas individuais.

A ordem espontânea permitiu que inimigos pudessem servir aos seus fins particulares beneficiando pessoas que nem sabiam disso. Tal situação é ilustrada por Hayek (1985, p. 132): "Na medida em que a colaboração pressupõe propósitos comuns, pessoas com diferentes objetivos são necessariamente inimigas, capazes de lutar entre si pela posse dos mesmos meios; só a introdução do escambo permitiu aos diferentes indivíduos serem úteis uns aos outros sem entrar em acordo quanto aos fins últimos". Tal visão já é apresentada na frase de Adam Smith em *A Riqueza das Nações* (1996, p. 53), segundo a qual "não é da benevolência do padeiro, do açougueiro ou do cervejeiro que eu espero que saia o meu jantar, mas sim do empenho deles em promover seu próprio auto- interesse".

O guia para que a ordem espontânea funcione bem, coordenando todo o mercado, é o sistema de preços: "Os preços praticados no mercado refletem circunstâncias atuais, representando uma fonte de informação sobre a relação momentânea entre as preferências individuais e a escassez dos bens (FEIJÓ, 2000, p. 161)".

Quando o sistema de preços não funciona, ou por meio de legislações que têm por objetivo intervir no mercado ou por meio da má aplicação da lei pelos juízes, a ordem espontânea fica prejudicada, não permitindo o ótimo desenvolvimento das habilidades pelas pessoas.

Ricardo Feijó (2000, p. 163) destaca as três principais lições da teoria da ordem de mercado em Hayek:

1. O mercado é uma instituição que exerce uma função coordenadora das ações dos agentes;
2. O funcionamento do mercado deve-se ao comportamento de seus participantes, guiado por normas inconscientes;
3. A ordem de mercado é uma instituição aberta que não estipula uma hierarquia de fins e deixa espaço para a liberdade da ação individual. Conduz a resultados economicamente eficientes na medida em que os agentes utilizam as informações oferecidas pelo sistema de preços.

Assim, Hayek propõe que somente pode existir liberdade dentro da lei e a ordem espontânea que permitiu o desenvolvimento de uma série de instituições, como a linguagem, a economia e o direito. A seguir será demonstrado o quão importante é o empreendedorismo para a Escola Austríaca de Economia.

2.5 Israel M. Kirzner e a Função Empresarial

Israel M. Kirzner nasceu na Inglaterra, em 1930, e após alguns problemas familiares se mudou para os Estados Unidos e passou a estudar gestão de empresas na Universidade de Nova Iorque, tendo se encontrado com Ludwig von Mises no final do seu curso por uma feliz coincidência, descrita por Jesus Huerta de Soto (2010, p. 138): "Devido a uma casualidade (faltavam-lhe alguns créditos para completar a sua licenciatura e decidiu assistir ao seminário lecionado pelo professor que tivesse mais publicações, resultado que esse era Mises), entrou em contato com o grande austríaco e converteu-se também em assíduo participante do seminário miseano na Universidade de Nova Iorque".

Após o término do seu curso, Kirzner passou a lecionar na própria Universidade de Nova Iorque. Tendo sido catedrático de Economia, especializou-se no desenvolvimento da concepção dinâmica e empresarial e no estudo das suas consequências coordenadoras no mercado (SOTO, 2010, p. 138).

As suas principais obras foram *Competição e Atividade Empresarial* (1998), *Perception, Opportunitty and Profit* (1979) e *Discovery and The Capitalist Process* (1985). Kirzner foi o autor da tradição austríaca que trabalhou com foco no empreendedorismo e concepção dinâmica da empresarialidade.

O empreendedorismo ou empresarialidade, nas palavras de Jesus Huerta de Soto (2010, p. 33), é uma das principais preocupações da Escola Austríaca de Economia, uma vez que sem o empreendedorismo não é possível o progresso e a inovação necessária, seja na medicina, na engenharia, na informática e até mesmo no direito.

Segundo Jesus Herta de Soto (2010, p. 33):

> A empresarialidade tem uma importância fundamental na Escola Austríaca, podendo ser considerada o eixo em torno do qual gira a análise econômica dos seus membros. Daí a grande importância de explicar em que consiste a essência da empresarialidade e o papel econômico desempenhado pelo conhecimento que é gerado pelos empresários quando atuam no mercado. Apenas desta maneira será possível compreender a tendência coordenadora que existe nos processos dinâmicos de mercado, assim como a evolução histórica do pensamento econômico da Escola Austríaca, o qual será analisado com maior detalhe nos capítulos seguintes.

Ubiratan Iório (2011, p. 84) destaca que "onde quer que não exista empreendedorismo e onde quer que o arcabouço institucional prejudique a função empresarial, não existirá lugar para o progresso".

A ação humana pode ser considerada como a função empresarial, uma vez que "exerce a função empresarial qualquer pessoa que atua para modificar o presente e conseguir os objetivos no futuro (SOTO, 2010, p. 33)".

A definição de função empresarial, como destacado por Jesus Herta de Soto, é buscar um estado de satisfação, melhorando com isso a situação do agente. Essa melhora decorre de um critério subjetivo, ou seja, somente o agente pode dar o valor necessário para que se tenha uma maior satisfação:

> O conceito austríaco de *função empresarial* está intimamente relacionado ao de *ação humana*, definida genericamente como qualquer comportamento deliberado com vistas a atingir determinados fins que, segundo acredita o agente, irão aumentar a sua satisfação. Cada agente atribui a um determinado fim uma apreciação subjetiva, de caráter psicológico, que se denomina de *valor*. E os *meios* são simplesmente aquele conjunto de atos que

o agente considera mais adequados para alcançar os seus fins, enquanto a *utilidade* consiste na apreciação, também subjetiva, que o ator atribui aos meios, tendo em vista o *valor* dos fins que, segundo ele, os meios escolhidos permitirão atingir. Sendo assim, *valor* e *utilidade* são como duas faces de uma moeda, uma vez que o valor subjetivo que o agente atribui aos fins desejados é projetado, pelo conceito de utilidade, aos *meios* que acredita serem adequados para tal (IÓRIO, 2011, p. 88).

A função empresarial consiste no estado de alerta, ou seja, na identificação de oportunidades para melhorar o seu bem-estar, ou seja, da perspicácia em verificar situações que possam lhe favorecer, conforme destacado por Kirzner (2012, p. 40):

> O *homo agens* de Mises, por outro lado, é dotado não somente da propensão para perseguir fins eficientemente, uma vez claramente identificados fins e meios, como também da propensão e do estado de alerta necessários para identificar por que fins lutar e que meios estão disponíveis. A ação humana abrange o comportamento que busca a eficiência — típico dos economizadores robbinsianos — mas também engloba um elemento que, por definição, está ausente da economização. O comportamento economizador — ou, mais exatamente, sua análise — esquiva-se necessariamente da tarefa de identificar fins e meios. A noção economizadora, por definição, pressupõe que essa tarefa (e sua análise) tenha sido completada em outro lugar. A ação humana trata ambas as tarefas — a de identificar o quadro pertinente de fins-meios e a de buscar a eficiência a esse respeito — como uma atividade humana única e integrada. Na medida em que podemos identificar o quadro de fins-meios que o *homo agens* percebe como pertinente, podemos analisar sua decisão em termos robbinsianos ortodoxos de alocação-economização. Se a partir da noção mais estreita de economização não se dispõe de nenhuma explicação quanto a por que esse quadro particular de fins-meios é considerado pertinente e quanto ao que poderia fazer com que ele não fosse mais pertinente, é possível

se chegar a esse *insight* através do conceito mais amplo de ação humana. Ele está embutido na propensão de que o *homo agens* é dotado para um estado de alerta quanto aa novos fins e quanto à descoberta de recursos desconhecidos até então. (É evidentemente verdade que a noção robbinsiana de economização pode, de maneira bastante adequada, explicar a busca de informação deliberada e preocupada com os custos. O homem economizador pode de fato ser visto como alguém que aloca quantidades imaginadas de meios entre projetos alternativos de pesquisa com potencialidades imaginadas. Mas, na medida em que essa busca *pode* ser abrangida pelo esquema de economização, ela claramente *pressupõe algum* pano de fundo de fins-meios imaginado. E o que enfatizamos aqui é que a noção de economização *precisa* excluir do seu domínio a explicação da pertinência desse pano de fundo particular.)

Essa função empresarial – ou seja, esse estado de vigilância empreendedora (*alertness*) – somente pode ser exercido por um empreendedor, tendo ele papel essencial no funcionamento do mercado.

Kirzner (2012, p. 37) afirma que:

> Não só o empresário desempenha, na nossa opinião, o papel crucial no processo de mercado, como também esse papel tem sido — especialmente nas últimas décadas — quase sempre ignorado [1]. E esse hiato existe não só no que diz respeito à compreensão da função vital que a atividade empresarial desempenha no processo harmonizador, mas até mesmo no que diz respeito a uma apreciação da própria natureza da atividade empresarial.

Ora, somente com esse "elemento empresarial" (KIRZNER, 2012, p. 37) se pode exercer o estado de vigilância e se buscar uma melhor condição de vida. Tal situação somente poderá ocorrer se houver liberdade para que esses empresários possam exercer o seu estado de vigilância.

Isso decorre do fato de que somente esse elemento empresarial é responsável por "compreendermos a ação humana como ativa, criadora e humana, e não como passiva, automática e mecânica (KIRZNER, 2012, p. 40-41)". De acordo com o Jesus Huerta de Soto (2010, p. 34), são as seguintes:

1. É um conhecimento subjetivo de tipo prático, não científico;
2. É um conhecimento exclusivo;
3. Encontra-se disperso pelas mentes de todos os indivíduos;
4. Na sua maior parte é um conhecimento tácito e, portanto, não articulável;
5. É um conhecimento que se cria *ex nihilo*, a partir do nada, precisamente mediante o exercício da função empresarial, e
6. É um conhecimento transmissível, na sua maior parte de forma inconsciente, através de complexíssimos processos sociais, cujo estudo, segundo os autores austríacos, constitui o objeto da investigação econômica.

O conhecimento é subjetivo de tipo prático, ou seja, somente o agente teve capacidade de adquiri-lo e só ele sabe o que pode fazer com ele, sendo a ideia de ir para um estágio de maior satisfação pessoal um axioma da ação humana e um objetivo almejado por todos os seres humanos, sendo essa uma das características para o exercício da função empresarial:

> Em suma, trata-se de um conhecimento sobre avaliações humanas concretas, ou seja, tanto dos fins pretendidos pelo agente, como dos fins que ele acredita serem pretendidos por outros agentes. Trata-se igualmente de um conhecimento prático sobre os fins, em particular sobre toda todas as circunstâncias, pessoais ou não, que o agente considera que podem ser relevantes no contexto de cada ação concreta (SOTO, 2010, p. 35).

Esse conhecimento prático é exclusivo e disperso, visto que o agente possui somente uma parte da informação que existe sobre o seu estado de vigilância, não conseguindo prever todas as variáveis possíveis ao caso, mas, paradoxalmente, só ele possui a informação necessária e somente ele poderá utilizá-la para um determinado fim (SOTO, 2010, p. 36).

Quanto mais liberdade existir para que haja a interação entre os agentes e eles possam trocar informações, maior será o desenvolvimento do negócio e mais efetiva será a utilização da função empresarial.

O conhecimento prático é do tipo tácito e não articulável, visto que não é necessário dominar as razões por que alguém consegue andar de bicicleta, simplesmente consegue-se fazer essa atividade buscando o equilíbrio. É esse saber-como-fazer determinadas ações que vai importar para que a função empresarial ocorra.

A criatividade é um dos fatores mais importantes para a função empresarial, uma vez que nem sempre é necessário arcar com os custos do empreendimento ou mesmo possuir algum de capital para que se desenvolva a criatividade. Muitas vezes podem ser obtidos ganhos com a decorrência de uma simples ideia, ou seja, "para obter ganhos empresariais não é preciso dispor previamente de meio algum, sendo que apenas é necessário exercer bem a função empresarial (SOTO, 2010, p. 38-39)."

E quais seriam as consequências dos atos da função empresarial ou do estado de vigilância? Jesus Huerta de Soto (2010, p. 39) destaca três consequências:

1. A função empresarial cria nova informação que antes não existia;
2. Esta informação é transmitida através do mercado;
3. Como consequência do ato empresarial, os agentes econômicos implicados aprendem a atuar cada um em função das necessidades dos demais.

A primeira das consequências destaca que todo ato empresarial cria nova informação, sendo o primeiro conhecimento o da pessoa que promoveu o ato, devendo outras pessoas acompanharem a atitude desse empresário com o intuito de obter lucro. Jesus Huerta de Soto (2010, p. 39) descreve essa situação da seguinte forma:

> Efetivamente, quando uma pessoa "C" se dá conta de que existe uma possibilidade de lucro, cria-se dentro da sua mente uma nova informação que antes não existia. Além disso, quando "C" empreende a ação e contata, por exemplo, com "A" e "B", comprando barato de "B" um recurso que este tem em excesso e vendendo-o mais caro a "A", que dele necessita com urgência, cria-se igualmente uma nova informação nas mentes de "A" e de "B". Assim, "A", por exemplo, percebe que o recurso de que carecia e tanto necessitava para alcançar o seu fim está disponível noutros lugares do mercado em maior abundância do que pensava e que, portanto, pode empreender agora sem problemas a ação que não havia iniciado por falta do referido recurso. Por seu lado, "B" se dá conta de que aquele recurso que possuía com tanta abundância, e ao qual não dava grande valor, é muito procurado por outras pessoas e que, portanto, deve conservá-lo e guardá-lo uma vez que pode vendê-lo a um bom preço.

O segundo efeito da função empresarial é transmitir ao mercado a informação que só estava com uma única pessoa, possibilitando novas ideias, permitindo "aproveitar da melhor maneira possível a limitada capacidade da mente humana para criar, descobrir e transmitir constantemente nova informação de tipo empresarial (SOTO, 2010, p. 40)".

O terceiro efeito do ato empresarial é permitir que os agentes aprendam como satisfazer o outro, sendo uma troca de experiências, em que na busca do seu próprio interesse se pode fornecer a resolução dos problemas alheios.

E o mais interessante do funcionamento da atividade empresarial é que:

Assim, por exemplo, "B", em consequência da ação empresarial originalmente empreendida por "C", acaba por não desperdiçar o recurso de que dispunha já que, seguindo o seu próprio interesse, é incentivado a guardá-lo e conservá-lo. "A", por sua vez, ao dispor do referido recurso, pode agora atingir o seu fim e empreender ação que antes não efetuava. Um e outro, portanto, aprendem a agir de forma *coordenada*, ou seja, a modificar e disciplinar o seu comportamento em função das necessidades de um outro ser humano. Além disso, aprendem da melhor maneira possível: *sem se darem conta de que estão aprendendo e por iniciativa própria*, ou seja, voluntariamente e no contexto de um plano no qual cada um persegue os seus fins e interesses particulares. É este, e não qualquer outro, o núcleo do processo, tão maravilhoso como simples e eficiente, que torna possível a vida em sociedade. Deve ainda ser observado que o exercício da empresarialidade por parte de "C" torna possível não só uma ação coordenada que antes não existia entre "A" e "B", como também que estes últimos concretizem um cálculo econômico no contexto das suas respectivas ações, com dados ou informação de que antes não dispunham, e que agora lhes permite tentar alcançar, com muito mais possibilidades de êxito, os seus respectivos fins (SOTO, 2010, p. 40-41).

Esses mecanismos somente conseguem funcionar a contento em uma economia livre, ou seja, permitindo que cada empreendedor calcule seus riscos, decidindo qual o direcionamento tomar, dado pelo valor subjetivo que cada pessoa tem e escolhendo assim qual o caminho correto a seguir.

Para isso é necessário o cálculo econômico, destacando que "sem a função empresarial não é possível o cálculo econômico (SOTO, 2010, p. 41), ou seja, somente o empreendedor que poderá valorar se vale ou não a pena investir e apresentar novos serviços e/ou produtos. E, sem dúvida, "esta é uma das conclusões mais importantes a que se chega através da análise econômica da Escola Austríaca (SOTO, 2010, p. 41)."

Após demonstrar alguns dos principais *insights* da Escola Austríaca de Economia, será efetivada a análise econômica da desconsideração da personalidade jurídica na Justiça do Trabalho, demonstrando quais as consequências da má aplicação desse instituto para o mercado e para os empreendedores, bem como se existe alguma relação de causa e efeito em quanto a esse fato, ocasionando uma diminuição da função empresarial.

3. A análise econômica da desconsideração da personalidade jurídica

A relação entre o direito e a economia é necessária para entender quais as repercussões econômicas decorrem das medidas jurídicas, ou seja, a relação de causa e efeito que uma legislação ou a aplicação da lei pelo poder judiciário representa para os empreendedores.

3.1 O Valor Subjetivo do Empreendedor

Existem diversas escolhas e decisões que precisam ser tomadas por quem decide empreender, desde escolher qual o produto ou serviço oferecer, a forma como vai ser vendido esse produto ou serviço e o preço que será cobrado.

Todas essas escolhas passam pelo valor subjetivo de quem faz a escolha de empreender, uma vez que somente esse agente poderá definir se no seu conceito pessoal vale ou não a pena participar, como empreendedor, da vida econômica do país.

Para que seja analisado a valoração subjetiva que é feita por cada um dos agentes é necessário saber quais os custos necessários para que o empreendimento – seja do indivíduo, seja de uma empresa – possa ser implementado.

Ludwig von Mises (2012, p. 35) descreve como se dá o cálculo desses custos nas empresas e os diversos valores que devem ser levados em conta, destacando que esse valor subjetivo vai decorrer dos custos das atividades do empreendimento e ainda demonstrando o imponderável, que nem sempre consegue ser incluído nessa conta:

Em todas as grandes empresas, cada seção possui, de certa forma, uma independência em sua contabilidade. Cada seção é capaz de calcular e comparar os custos da mão-de-obra com os custos dos materiais, o que torna possível que cada grupo individual atinja um determinado equilíbrio e classifique, por meio de uma abordagem contábil, os resultados econômicos de sua atividade. Pode-se assim apurar qual foi o sucesso que cada seção em particular obteve, bem como tirar conclusões quanto à necessidade de haver reorganizações, cortes de despesas, abolição ou expansão de grupos existentes, ou até mesmo a criação de novos. Reconhecidamente, alguns erros são inevitáveis em tais cálculos. Eles surgem parcialmente em decorrência das dificuldades de se alocar as despesas gerais. Já outros erros surgem da necessidade de se calcular aquilo que, sob vários pontos de vista, não constitui dados rigorosamente determináveis — por exemplo, quando, ao se avaliar a lucratividade de um dado método de produção, calcula-se a depreciação das máquinas baseando-se na hipótese de elas terem uma durabilidade já pré-determinada. Ainda assim, todos esses erros podem ser considerados ínfimos, de modo que eles não atrapalham o resultado líquido do cálculo. O que restar de incerto vai entrar no cálculo da incerteza das condições futuras, que afinal é uma característica inevitável da natureza dinâmica da vida econômica.

Para que seja possível estabelecer essa lógica de custos é necessário que o sistema de preços funcione, uma vez que, para que o agente possa fazer as suas escolhas, é imprescindível o processo delivre mercado de formação de preços (MISES, 2012, p. 35), pois "é exatamente nas transações de mercado que os preços de mercado – a serem tomados como base para todos os cálculos – são formados para todos os tipos de bens e mão-de-obra empregados. Onde não há um livre mercado, não há mecanismo de preços; e sem um mecanismo de preços, é impossível haver cálculo econômico". Mas qual a razão de o preço ser tão importante? Qual é a função do preço para o mercado? Para explicar isso, serão apresentadas as três funções do preço:

O valor subjetivo.

1. Informar sobre a abundância (ou falta dela) de um dado bem ao mercado.
2. Informação temporal.

O preço pode ser definido como uma relação de bens trocados, conforme o exemplo dado por Murray Rothbard (2013, p 27):

> Assim, suponhamos que um aparelho de televisão custe três onças de ouro, que um automóvel custe 60 onças de ouro, que uma bisnaga de pão custe 1/100 de onça de ouro e que uma hora dos serviços jurídicos do doutor Joaquim custe uma onça de ouro. O "preço do dinheiro", então, será um conjunto de trocas alternativas. Uma onça de ouro "valerá" 1/3 da televisão, 1/60 de um automóvel, 100 bisnagas de pão ou uma hora dos serviços do doutor Joaquim. E assim por diante. O preço do dinheiro, portanto, é o "poder de compra" da unidade monetária – nesse caso, da onça de ouro. O preço do dinheiro, ou o seu poder de compra, informa o que aquela unidade pode adquirir ao ser trocada, assim como o preço monetário de um aparelho de televisão informa quanto de dinheiro um aparelho de televisão pode conseguir ao ser trocado.

Todavia, mais importante é a valoração subjetiva que cada um dos negociantes no exemplo acima imprime à troca efetuada, visto que dependerá do interesse subjetivo de quem compra estabelecer o valor.

Outra informação que o preço – para ser mais exato, a variação de preço – transmite é se há ou não abundância de um bem no mercado. Rothbard (2013, p. 27) oferece um outro exemplo para ilustrar essa função do preço:

> O que determina o preço do dinheiro? As mesmas forças que determinam todos os preços no mercado – a venerável, mas eternamente verdadeira, lei da "oferta e demanda". Todos nós sabemos que se a oferta de ovos aumenta, o preço de cada ovo tende a cair; se a demanda dos consumidores por ovos aumentar, o preço tenderá a subir. O mesmo fenômeno ocorre para o dinheiro. Um aumento na oferta de dinheiro tenderá a reduzir seu "preço"; um aumento na demanda por dinheiro irá aumentar seu preço.

Complementa afirmando o seguinte (ROTHBARD, 2013, p. 27-28):

> Qual é o efeito de uma alteração na oferta monetária? Seguindo o exemplo de David Hume, um dos primeiros economistas a abordar o assunto, podemos nos perguntar o que ocorreria se, da noite para o dia, uma Fada Madrinha entrasse às escondidas em nossos bolsos, carteiras e nos cofres dos bancos e duplicasse a nossa oferta monetária. Neste exemplo, ela magicamente dobrou nossa quantidade de ouro. Será que nós agora estamos duas vezes mais ricos? É obvio que não. O que nos torna ricos é uma abundância de bens, e o que limita tal abundância é a escassez de recursos para produzi-los: a saber, terra, trabalho e capital. Multiplicar a quantidade de dinheiro não faz com que tais recursos deixem de ser escassos e se materializem milagrosamente. É verdade que podemos nos *sentir* duas vezes mais ricos por um momento, mas claramente o que ocorreu foi apenas uma *diluição* da oferta monetária. À medida que as pessoas saírem correndo para gastar essa riqueza recém-encontrada, os preços irão aproximadamente dobrar – ou ao menos aumentar até a demanda ser satisfeita e o dinheiro não mais estiver competindo consigo próprio pelos bens existentes.

A terceira função do preço é a informação relacionada ao tempo, ou seja, a taxa de juro relacionada à venda do produto. Eugen von Böhm Bawerk (2010, p. 65) afirma:

> Dessa forma, a parte daquela máquina a vapor – máquina que ficará pronta em mais quatro anos – que nosso trabalhador obteve com um ano de trabalho, não tem o valor total de um quinto da máquina acabada; seu valor é mais baixo. Em quanto? Não posso dizer ainda, sem fazer uma antecipação que poderá confundir o leitor. Basta observar que a importância representada por essa diferença se relaciona com a porcentagem de juro vigente no país, bem como com o tempo que falta para chegar ao momento em que o produto ficará pronto. Se eu presumir um juro de 5%, o produto do primeiro ano de trabalho custará, ao cabo desse ano, mais ou menos 1.000 dólares. Assim, o salário que o trabalhador deve receber pelo primeiro ano de trabalho será – com base no axioma de que deve receber ou seu produto inteiro ou o valor deste – de 1.000 dólares.
> Se, apesar das conclusões a que chegamos acima, ainda ficar a impressão de que este valor é baixo, é preciso pensar no seguinte: ninguém pode ter dúvidas de que o trabalhador não estará sendo prejudicado se, depois de cinco anos, receber a máquina a vapor inteira, ou o seu valor inteiro, de 5.500 dólares. Para efeito de comparação, vamos calcular também o valor que terá a parcela antecipada de salário no fim do quinto ano. Como os 1.000 dólares recebidos no fim do primeiro ano ainda podem ser postos a juros por mais quatro anos, eles devem ser multiplicados, numa porcentagem de 5%, perfazendo mais 200 dólares (sem juro composto). Como esta aplicação está aberta também ao trabalhador, os 1.000 dólares recebidos pelo trabalhador no fim do primeiro ano equivalem [p. 267] a 1.200 dólares ao fim do quinto ano. Assim, se o trabalhador recebeu, depois de um ano, por um quinto do trabalho técnico, a quantia de 1.000 dólares, obviamente foi recompensado com base em um critério mais favorável a ele, uma vez que, se recebesse pelo todo, depois de cinco anos, só teria 5.500 dólares.

A intromissão de agentes externos prejudica sobremaneira o processo de formação de preços, dificultando para os agentes a definição de suas opções e, por consequência, gerando escolhas equivocadas do empreendedor. Para que o mecanismo de preços funcione bem é necessário que o empreendedor consiga fazer o seu cálculo econômico levando em conta todos os fatos, inclusive o judicial. Raquel Sztajn (2006, p. 200) afirma o seguinte:

> Sempre se disse que a atividade empresária é de risco, ou melhor, que o risco é econômico, que pode ter resultados positivos ou não, lucros ou prejuízos. Não se considera que pode haver resultado zero, nem lucro nem prejuízo, hipótese que também está incluída na noção de risco, de álea (sic) quanto ao resultado econômico desejado ou esperado. Esse o aspecto da atividade de empresa, em geral, discutido pelos operadores do direito que devem, a partir de entrada em vigor da Lei n. 11.101/2005, trabalhar com a crise (que é econômica) e seu equacionamento.

Outro, tão importante quanto o econômico, que os economistas denominam risco jurídico ou incerteza jurídica, prende-se à legislação, à forma pela qual Judiciário aplica ou interpreta os textos legais, à aderência das regras às instituições e práticas socialmente aceitas, sua estabilidade.

Quando se pensa em risco econômico, cabe ao empresário, o agente que põe a empresa em movimento, avaliar como fazer a organização interna e que relações externas manterá. Contratação de mão-de-obra e/ou serviços; aquisição de matérias-primas ou insumos, outros produtos – bens ou utilidades – necessários à produção, local, máquinas e equipamentos, recursos financeiros são alguns dos contratos celebrados para por em marcha a atividade (quando se tratar de indústria) além da distribuição dos produtos. Por isso é que o dimensionamento da atividade, quanto produzir, onde produzir e como produzir são decisões que devem ser avaliadas da perspectiva de riscos envolvidos sem o que a economicidade da organização estará comprometida e o risco será potencializado. Não se esqueça, demais disso, a concorrência.

O risco jurídico, criado pela redação e interpretação das normas de direito positivo é menos aparente e mais difícil de estimar e, usualmente, não percebido pelos operadores do direito formados na visão formalista ou legalista do sistema.

Com base nesse mecanismo de preços é que será possível para o empreendedor saber se vale a pena investir ou não no seu empreendimento, buscando eficiência e lucratividade para o seu negócio. Segundo Jesus Huerta de Soto (2013, on-line), Xenofonte na sua obra *Oecomomicus*, escrita em 380 A.C., explica que existem dois tipos de eficiência, a estática e a dinâmica:

> Há duas maneiras distintas de se aumentar o patrimônio da família; cada uma de duas maneiras equivale a um conceito distinto de eficiência. A primeira maneira corresponde ao conceito *estático* de eficiência, e consiste na administração austera e sensata dos recursos disponíveis (ou os recursos existentes na natureza), evitando que eles sejam desperdiçados. De acordo com Xenofonte, a melhor maneira de se alcançar esta eficiência estática é mantendo o lar em bom estado.
> No entanto, junto com o conceito estático de eficiência, Xenofonte introduz um conceito distinto, o da eficiência "dinâmica", o qual consiste na tentativa de se aumentar o patrimônio por meio da criatividade empreendedorial – ou seja, mais pelo comércio e pela especulação do que pelo esforço em se evitar o desperdício dos recursos já disponíveis. Esta tradição de fazer uma clara distinção entre os dois diferentes conceitos de eficiência, a estática e a dinâmica, durou até a Idade Média. Por exemplo, São Bernardino de Siena escreveu que os lucros dos comerciantes eram justificáveis não somente por causa de sua sensata administração dos recursos disponíveis, mas também, e principalmente, pela assunção dos riscos e perigos (do latim pericula) inerentes a qualquer especulação empreendedorial.

O que interessa ao presente estudo é a eficiência dinâmica, aquela que vai depender do interesse do empreendedor, ou seja, do valor subjetivo do agente em oferecer bens ou serviços ao mercado.

Segundo Jesus Huerta de Soto (2013, on-line), "a eficiência dinâmica consiste na capacidade empreendedorial de descobrir oportunidades de lucro e de coordenar e superar quaisquer desajustes sociais ou descoordenações".

A eficiência dinâmica tem direta relação com o próximo tema a ser tratado, a função empresarial ou estado de vigilância, no qual o empreendedor tem a oportunidade de perceber e investigar quais são as melhores soluções. Huerta (2013, on-line) faz um paralelo entre a teoria convencional e a teoria austríaca:

> A convencional teoria econômica neoclássica baseia-se na ideia de que as informações do mercado são objetivas e conhecidas por todos (em termos probabilísticos ou exatos), e que a questão da maximização de utilidade não possui absolutamente nenhuma ligação com considerações morais.
>
> Adicionalmente, o ponto de vista estático – o qual é dominante no ensino atual de economia – leva à conclusão de que os recursos são, de certa maneira, dados e conhecidos por todos, e que, portanto, o problema econômico de sua distribuição é separado e diferente do problema de sua produção. Mas a verdade é que, se os recursos já são dados e conhecidos, é de vital importância investigar qual a melhor maneira de alocar entre diferentes pessoas tanto os meios de produção disponíveis quanto os bens de consumo por eles produzidos.
>
> Toda esta abordagem neoclássica se esfacela como um castelo de areia caso optemos por seguir o conceito dinâmico do processo de mercado, fundamentado na teoria do empreendedorismo e na noção de eficiência dinâmica acima explicada. Desta perspectiva, cada ser humano possui uma capacidade criativa ímpar e específica, a qual o permite continuamente perceber e descobrir novas oportunidades de lucro. O empreendedorismo consiste na capacidade tipicamente humana de criar e descobrir novos meios e fins, e é a mais importante característica da natureza humana.

Se os meios, os fins e os recursos nunca são dados e conhecidos por todos, mas sim são continuamente criados do nada em consequência da ação empreendedorial de seres humanos, então resta claro que o fundamental problema ético não mais é o de como distribuir de maneira justa tudo aquilo que já existe, mas sim o de como promover a criatividade e a coordenação empreendedorial.

Consequentemente, no campo da ética social, chegamos à fundamental conclusão de que a ideia de que seres humanos são agentes criativos e coordenadores implica a axiomática aceitação do princípio de que cada ser humano possui o direito natural de se apropriar de todos os resultados de sua criatividade empreendedorial. Ou seja, a apropriação privada dos frutos da descoberta e da criação empreendedorial é um princípio autoevidente das leis naturais.

E é assim porque, se um indivíduo empreendedor não pudesse reivindicar para si aquilo que ele criou ou descobriu, sua capacidade de detectar oportunidades de lucro estaria completamente bloqueada, e seu incentivo para agir desapareceria. Adicionalmente, este princípio é universal no sentido de que ele pode ser aplicado para todas as pessoas, a todos os momentos, em todos os lugares.

Vale destacar que o Brasil é o 114o país mais fechado do mundo, segundo a Fundação Heritage[1], o que nas palavras de Huerta (2013, on-line) é um grande problema para eficácia do empreendedor, já que o intervencionismo prejudica bastante a ação humana:

> Impedir que a ação humana seja totalmente livre, coagindo-a de modo a proibir que as pessoas tenham o direito de possuir integralmente tudo aquilo que elas empreendedoristicamente criaram não apenas é dinamicamente ineficiente, uma vez que obstrui sua criatividade e capacidade de coordenação, como também é fundamentalmente imoral, uma vez que tal coerção impede os seres humanos de desenvolverem aquilo que é, por natureza, inerente a eles: sua capacidade inata de imaginar e criar novos

meios e fins para tentar alcançar seus próprios objetivos e aspirações. Exatamente por estes motivos, não somente o socialismo e o intervencionismo, mas também toda e qualquer forma de estatismo e tributação, são não apenas dinamicamente ineficientes, como também eticamente injustos e imorais.

O valor subjetivo do empreendedor somente poderá ocorrer de forma eficaz se ocorrer numa situação de livre mercado, onde o mecanismo de preço funcione e seja possível a inovação para descobrir novos meios e fins.

3.2 A Função Empresarial do Empreendedor

A palavra empreendedorismo deriva etimologicamente do termo latino *in prehendo*, que significa descobrir, ver, perceber algo. Nesse sentido, pode-se definir empreendedorismo como sendo a capacidade tipicamente humana de reconhecer oportunidades de lucro que aparecem no ambiente e agir apropriadamente para tirar proveito delas.

O empreendedorismo seria uma espécie de alerta, sendo a possibilidade de o agente perceber as oportunidades e aproveitá-las. Jesus Huerta de Soto (2013, on-line) destaca que o termo empreendedorismo também é aplicável a ideia de "especular", que advém do termo latim *specula*, que se refere às torres das quais as sentinelas conseguiam ver ao longe e detectar qualquer coisa que se aproximasse".

A esse estado de alerta (*alertness*) a Escola Austríaca de Economia dá o nome de *função empresarial*. Jesus Huerta de Soto dá a seguinte definição para a ideia criada por Israel Kirzner (2012, p. 33): "Para os austríacos, num sentido geral ou amplo, a função empresarial coincide com a própria ação humana. Neste sentido poder-se-ia afirmar que exerce a função empresarial qualquer pessoa que atua para modificar o presente e conseguir os seus objetivos no futuro".

Kirzner faz um paralelo entre o delineamento do empresário na perspectiva da Escola Austríaca de Economia e a imagem de empresário que o autor Joseph Schumpeter faz na sua obra *The Theory of Economic Development* (KIRZNER, 2012, p. 76):

> No sistema shumpeteriano, a atividade empresarial consiste em introduzir novos processos de produção – de produzir novos produtos, ou produzir velhos produtos de novas maneiras. O inovador-empresário perturba o fluxo constante da produção e do mercado, criando novas maneiras de fazer coisas, e novas coisas a fazer. Ao preencher esse papel, ele está, ao mesmo tempo, criando lucros para si mesmo. Ao afastar-se da atividade de rotina, o empresário shumpeteriano é capaz de gerar distâncias temporárias entre o preço dos insumos e o preço dos produtos. A tendência universal de "o valor dos meios de produção originais se aproximar, com a fidelidade de uma sombra, ao valor do produto" é, por um breve período, desafiada com sucesso pelo ousado pioneiro que abre novas trilhas. Até que os imitadores forcem uma vez mais os preços à conformidade, o inovador pode amealhar lucros puros. Talvez um dos aspectos mais importantes da exposição de Schumpeter seja ter mostrado claramente que o lucro puro não deve ser entendido como uma remuneração pelos serviços de qualquer meio de produção. O lucro, ao contrário dos pagamentos por serviços de fatores, não é um "freio à produção"; nem se pode dizer do lucro – como se pode dizer dos custos dos fatores – "que é o bastante para fazer surgir precisamente a quantidade de serviço empresarial exigida".
>
> Sob muitos aspectos, a imagem do empresário que procurarei delinear mostra muita semelhança com a que foi elaborada por Schumpeter. O inovador schumpeteriano é, afinal de contas, o tomador de decisões cujo estado de alerta para oportunidades despercebidas lhe possibilitou afastar-se do funcionamento repetitivo rotineiro das oportunidades geralmente conhecidas. A distinção que Schumpeter faz longamente entre a maneira como os homens agiriam no "fluxo circular costumeiro", por um lado, e quando "se deparam com uma nova tarefa", por outro, está em estreita analogia com minha própria distinção entre a tomada de decisões "robbinsiana" e a atividade empresarial. "A pressuposição de que a conduta seja pronta e racional", observa Schumpeter, é,

embora nunca completamente realista, suficientemente válida, "se as coisas têm tempo para forçar a lógica nos homens". Na rotina do fluxo circular, pode-se dizer que é perdoável considerar os tomadores de decisão como inteiramente "econômicos"; mas nos contextos de mudança potencial, a pressuposição de racionalidade torna-se em grande parte irrelevante. Isso é muito semelhante à minha própria afirmação de que, embora num mundo equilibrado de conhecimento perfeito, a alocação robbinsiana seja um esquema adequado no qual é possível compreender todas as decisões que estão sendo tomadas, a presença de informações imperfeitas cria espaço para uma dimensão adicional na tomada de decisões: a intensidade com que a decisão reflete o estado de alerta para oportunidades inexploradas. Por outro lado, essa dimensão não pode, como vimos, ajustar-se a um esquema robbinsiano de fins-meios. Como Schumpeter observa, ao opor o contexto onde padrões rotineiros de atividades estão sujeitos a mudanças ao do fluxo circular, "(o que) era um dado familiar torna-se uma incógnita".

Do mesmo modo, meu empresário e o empresário-inovador de Schumpeter têm em comum que, ao menos no seu papel essencialmente empresarial, eles não contribuem com serviços de fatores para a produção; o lucro que ganham não é remuneração necessária para atrair um insumo necessário para o processo de produção. A produção pode ser realizada com os insumos cujas remunerações já foram computadas como custos no cálculo de lucros puros. O empresário contribui apenas com a pura decisão de dirigir esses insumos para o processo selecionado, e não para outros processos.

Apesar de a descrição de empresário de Schumpeter e Kirzner terem várias semelhanças, o autor da Escola Austríaca destaca que a função empresarial no sistema schumpeteriano não é idêntica à que foi proposta por ele. Para Israel Kirzner (2012, p. 78):

> O papel do empresário, embora evidentemente seja a origem do movimento no interior do sistema, tem uma influência equilibradora; é o estado de alerta empresarial em função de oportunidades despercebidas que cria a tendência para o fluxo circular regular do equilíbrio.

Para Schumpeter, a atividade empresarial é importante sobretudo por deslanchar o desenvolvimento econômico; para mim, ele é importante sobretudo por possibilitar que o processo de mercado funcione em todos os contextos – sendo a possibilidade de desenvolvimento econômico vista simplesmente como um caso especial.

O estado de vigilância tem toda relação com a satisfação do consumidor, ou seja, daquele que fará por meio do seu valor subjetivo as suas escolhas de produtos ou serviços, que poderão variar para cada pessoa.

Ludwig von Mises, na sua obra *As Seis Lições* – que reúne as seis palestras que Mises ministrou em 1958 em Buenos Aires, Argentina – destaca que a expressão "rei de algum produto" é bastante equivocada, uma vez que sempre dependerá do interesse do consumidor adquirir esse bem (2009, p. 13):

> Certas expressões usadas pelo povo são, muitas vezes, inteiramente equivocadas. Assim, atribuem-se a capitães de indústria e a grandes empresários de nossos dias epítetos como "o rei do chocolate", "o rei do algodão" ou "o rei do automóvel". Ao usar essas expressões, o povo demonstra não ver praticamente nenhuma diferença entre os industriais de hoje e os reis, duques ou lordes de outrora. Mas, na realidade, a diferença é enorme, pois um rei do chocolate absolutamente não rege, ele *serve*. Não reina sobre um território conquistado, independente do mercado, independente de seus compradores. O rei do chocolate – ou do aço, ou do automóvel, ou qualquer outro rei da indústria contemporânea – depende da indústria que administra e dos clientes a quem presta serviços. Esse "rei" precisa se conservar nas boas graças dos seus súditos, os consumidores: perderá seu "reino" assim que já não tiver condições de prestar aos seus clientes um serviço melhor e de mais baixo custo que o oferecido por seus concorrentes.

A satisfação do consumidor em muitos casos dependerá do produto ou serviço oferecido por uma sociedade empresária, que terá que ter a percepção da preferência do público que será atendido pelo empresário.

Para que a função empresarial seja feita a contento e o empreendedor possa ofertar o que interessa ao consumidor, é necessário, em regra, a criação de uma pessoa jurídica, conforme as condições estabelecidas no primeiro capítulo desse trabalho.

Todavia, existe uma vasta burocracia governamental que dificulta a criação de pessoas jurídicas no Brasil.

Segundo estudo feito pela consultoria EY (antiga Ernst & Young)[2] com os países que formam o G20, os impostos e regulamentações foram considerados as principais barreiras para o crescimento dos negócios.

O tempo médio para se abrir uma pessoa jurídica no Brasil, segundo a pesquisa da consultoria EY, é de 119 (cento e dezenove) dias, contra uma média de 20 (vinte) dias nos demais países do G20.

Segundo a mesma pesquisa, o tempo gasto no Brasil para resolver as questões tributárias é de 2.600 (duas mil e seiscentas) horas por ano, enquanto a média nos demais países é de 347 (trezentos e quarenta e sete) horas.

Tal situação demonstra a razão de o país estar entre os mais fechados do mundo para a atividade empresarial, uma vez que somos o 114o país menos livre do planeta no *ranking* que envolve 178 países, conforme índice da *Heritage Foundation*[3].

Tal situação dificulta bastante a situação do empreendedor no Brasil, que ainda conta com uma extrema insegurança jurídica no que tange à aplicação da desconsideração da personalidade jurídica, tema que será analisado em seguida.

3.3 A Liberdade e a Lei, a Ordem Espontânea e a Desconsideração da Personalidade Jurídica

Após demonstrar a importância do valor subjetivo do empreendedor e como ele somente poderá funcionar bem, com maior eficiência, se o mecanismo de preços tiver uma maior liberdade para que as trocas sejam feitas de forma adequada, passa-se a analisar a imprevisibilidade da desconsideração da personalidade jurídica no Brasil.

Essa eficiência pode ser traduzida pela função empresarial do empreendedor, ou seja, seu estado de alerta, que tem por objetivo satisfazer as necessidades do consumidor, ofertando produtos ou serviços que interessem a eles.

Como demonstrado no item anterior, existe uma grande dificuldade de empreender no Brasil, o que prejudica sobremaneira a ordem espontânea e a liberdade de criação dos empreendedores. Para que o resultado da ação humana dos empreendedores seja melhor, é necessário que exista previsibilidade da legislação, bem como das decisões judiciais. Somente assim será possível ao empreendedor fazer seu cálculo econômico, prevendo os riscos da atividade.

Bruno Leoni (2010, p. 23) ilustra a situação de insegurança jurídica que o empreendedor vive hoje, já que não sabe qual legislação estará em vigor:

> Ao mesmo tempo em que a legislação está quase sempre certa, ou seja, precisa e identificável enquanto "vigente", as pessoas nunca poderão ter a certeza de que a legislação em vigor hoje estará em vigor amanhã, ou até mesmo amanhã de manhã. O sistema legal centrado na legislação, ao mesmo tempo em que envolve a possibilidade de outras pessoas – os legisladores – poderem interferir em nossas ações todos os dias, envolve também a possibilidade de mudarem todos os dias sua forma de interferência. Como resultado, as pessoas ficam privadas não só de decidir livremente o que fazer, mas de prever os efeitos legais de seu comportamento cotidiano.

No primeiro capítulo do presente trabalho foi apresentada a ideia da possibilidade de abuso de direito por parte do juiz. Bruno Leoni (2010, p. 23) faz uma crítica ao poder crescente dos funcionários do governo – o juiz é um deles – e o risco que isso causa aos indivíduos e a sua liberdade:

[...] Não se pode perder de vista o fato de que o poder sempre crescente dos funcionários do governo pode sempre ser atribuído a alguma sanção estatutária que os habilita a se comportar como legisladores, e a interferir, dessa forma, quase que a seu bel-prazer, em todo tipo de interesse ou atividade privada. A situação paradoxal de nossos tempos é que somos governados por homens, não – como sustentaria a teoria aristotélica clássica – por não sermos governados por leis, mas justamente porque o somos. Nesse caso, seria quase inútil invocar a lei contra esses homens. O próprio Maquiavel não teria sido capaz de tramar artifício mais engenhoso para dar dignidade à vontade de um tirano que finge ser um simples funcionário agindo dentro da estrutura de um sistema perfeitamente legal.

A liberdade dentro da lei é exatamente a possibilidade de o empreendedor ter conhecimento prévio da consequência dos seus atos, permitindo assim que a ordem espontânea evolua da forma adequada.

Friedrich August von Hayek (1983, p. 20) admite que "para compreender o funcionamento da sociedade, devemos tentar definir a natureza geral e o grau de ignorância neste campo". Tal situação é importante para que o empreendedor consiga fazer seu cálculo econômico, estabelecendo uma previsibilidade dos seus eventuais riscos.

A ordem espontânea, ideia apresentada por Friedrich August von Hayek, admite que a sociedade não depende de uma única pessoa para que evolua, mas de uma ordem natural que depende de tentativas e erros para acontecer. Iório (2011, p. 51) explica a ordem espontânea da seguinte forma:

> O ponto central para a compreensão do enfoque hayekiano é a idéia de que a transformação, ao longo dos séculos, das sociedades tribais primitivas nas sociedades complexas modernas, foi um processo que se verificou de forma espontânea, isto é, que, embora tenha resultado da ação humana, não foi produzido pela vontade humana, expressamente concebida.

Em outras palavras, as sociedades não foram planejadas pelo homem; foram, simplesmente, evoluindo, desenvolvendo-se ao longo do tempo, desde as primeiras tribos até as formas mais modernas de vida social. Não foram, portanto, fruto exclusivo da razão, mas foram e são o resultado de um processo de mutações permanentes, de um **processo evolutivo**, que se pode dizer à la Darwin, mas cuja idéia em teoria social é anterior à do evolucionismo biológico de Darwin.

O conceito de evolução social é de importância fundamental para que se compreenda a idéia de **ordem espontânea**. Hayek aponta duas fontes de confusão a respeito do evolucionismo. A primeira é que não é correto que o evolucionismo em ciências sociais seja uma extensão do evolucionismo biológico darwiniano; na verdade, o que ocorreu foi o oposto: Charles Darwin foi quem aplicou à biologia o conceito de evolução, anteriormente usado no estudo das sociedades humanas e suas instituições, pelos filósofos morais do século XVIII, especialmente os que estudaram as leis e a linguagem sob o ponto de vista histórico; que foram, a rigor, darwinianos antes de Darwin.

Essa precedência do evolucionismo social sobre o biológico não tem qualquer conotação com o chamado "darwinismo social", que foi uma tentativa fracassada, ocorrida já no século XIX, no sentido oposto, isto é, de levar o evolucionismo biológico para as ciências sociais. Seu fracasso deveu-se a terem seus teóricos desprezado o fato de que existem diferenças entre os processos de seleção que ocorrem na transmissão cultural e que levam à formação e mutação das instituições sociais e os processos de seleção que se realizam pelas transformações das características biológicas e que se transmitem hereditariamente. Ao ignorar essas diferenças, o "darwinismo social" enfatizou processos de seleção de caráter biológico para tentar explicar a evolução social, o que, evidentemente, resultou em fracasso.

A segunda fonte de confusão que envolve o evolucionismo, principalmente a teoria da evolução social, é a crença errada de que esta teoria consiste de "leis de evolução". Na verdade, não se pode falar em leis, no sentido que usualmente se entende, isto é, de sequências ou fases definidas pelas quais deveriam passar os processos de evolução das instituições sociais, que permitiriam, caso fossem identificadas, estabelecer modelos de previsão das trajetórias futuras dos fenômenos sociais. É importante que o leitor reflita sobre o fato de que é essa crença – que erra ao identificar a seleção biológica com as mutações sociais espontâneas (fruto da ação do homem, mas não de sua vontade) – que fundamenta as concepções historicistas, bem como a abordagem holística de Comte, Hegel e Marx, cujo resultado é o chamado determinismo histórico, que nada mais é do que a atitude mística de se acreditar que a evolução das sociedades deve seguir um curso pré-determinado.

Essa ordem espontânea possibilitou, após uma série de tentativas e erros, por exemplo, a criação da pessoa jurídica, que permitiu a diferenciação da pessoa natural, tendo limitado a responsabilidade dos sócios ao capital subscrito na sociedade empresária.

Após ocorrerem abusos na utilização da pessoa jurídica, a desconsideração da personalidade jurídica passou a ser aplicada, respeitando a autonomia patrimonial entre a sociedade empresária e seus sócios.

O Brasil importou essa teoria da Europa e dos Estados Unidos e passou a aplicá-la de duas formas, conhecidas como Teoria Menor e Teoria Maior.

A Teoria Menor, prevista no § 5o do artigo 28, do Código de Defesa do Consumidor, determina que "também poderá ser desconsiderada a pessoa jurídica sempre que sua personalidade for, de alguma forma, obstáculo ao ressarcimento de prejuízos causados aos consumidores."

Já a Teoria Maior está expressa no artigo 50, do Código Civil, a qual determina que somente poderá ocorrer desconsideração:

> Em caso de abuso da personalidade jurídica, caracterizado pelo desvio de finalidade, ou pela confusão patrimonial, pode o juiz decidir, a requerimento da parte, ou do Ministério Público quando lhe couber intervir no processo, que os efeitos de certas e determinadas relações de obrigações sejam estendidos aos bens particulares dos administradores ou sócios da pessoa jurídica.

No caso da aplicação da desconsideração da personalidade jurídica na Justiça do Trabalho, analisada no primeiro capítulo, não existe qualquer segurança em saber quais das teorias devam ser aplicadas nessa justiça especializada, o que prejudica sobremaneira o empreendedor, dificultando o cálculo e a previsão dos custos das demandas judiciais trabalhistas.

Dessa forma, por não saber quais os riscos da atividade, bem como a consequência dos seus atos, o empreendedor não terá qualquer incentivo para a criação de negócios e, em consequência, não criará empregos.

3.4 A Praxeologia da Desconsideração da Personalidade Jurídica na Justiça do Trabalho e a sua consequência para o mercado

A praxeologia – o estudo da ação humana – com o objetivo de definir se a forma, a priori, como é aplicada a desconsideração da personalidade jurídica, prejudica ou não o mercado. Murray Rothbard (2012, p. 221) apresenta os seguintes argumentos para que possa ser feita a presente análise praxeologicamente:

> A praxeologia – a ciência econômica – não oferece nenhum julgamento ético final: simplesmente fornece os dados necessários para fazer tais julgamentos. É uma ciência formal, além de universalmente válida, baseada na existência da ação humana e nas deduções lógicas desta existência. E ainda a praxeologia pode ser ampliada para além do âmbito atual para criticar os objetivos éticos. Isso não quer dizer que devemos abandonar a valiosa neutralidade da ciência praxeológica. Simplesmente quer dizer que até mesmo os marcos éticos devem ser significativamente estruturados e, portanto, a praxeologia pode criticar (1) erros existenciais elaborados na formulação da proposição ética e (2) as possíveis faltas de sentido existenciais e inconsistências internas dos próprios fins. Caso a autocontradição e a *impossibilidade conceitual* de execução de um objetivo ético

possam ser demonstradas, então nitidamente tal fim é um absurdo e deve ser abandonado por todos. Devemos notar que não estamos menosprezando os objetivos éticos que possam ser irrealizáveis na prática num dado momento histórico; não rejeitamos a meta de abstenção do roubo simplesmente porque não parece ser completamente realizável num futuro próximo. O que propomos descartar são aqueles objetivos éticos conceitualmente impossíveis de realizar por conta da própria natureza do homem e do universo.

Além de Rothbard (2009, p. 1.025) demonstrar qual o objetivo da análise praxeológica, ele ainda define qual a principal função da praxeologia:

> *The major function of praxeology – of economics – is to bring to the world the knowledge of these indirect, these hidden, consequences of the different forms of human action. The hidden order, harmony, and efficiency of the voluntary free market, the hidden disorder, conflict, and gross inefficiency of coercion and intervention – these are the great truths that economic science, through deductive analysis from self-evident axioms, reveals to us. Praxeology cannot, by itself, pass ethical judgment or make policy decisions. Praxeology, through its Wertfrei laws, informs us that the workings of the voluntary principle and of the free market lead inexorably to freedom, prosperity, harmony, efficiency, and order; while coercion and government intervention lead inexorably to hegemony, conflict, exploitation of man by man, inefficiency, poverty, and chaos. At this point, praxeology retires from the scene; and it is up to the citizen – the ethicist – to choose his political course according to the values that he holds dear.*

Partindo das premissas acima apresentadas por Murray Rothbard acerca da praxeologia, é possível fazer uma análise praxeológica acerca da aplicação da desconsideração da personalidade jurídica na Justiça do Trabalho.

Conforme demonstrado no primeiro capítulo, tem sido aplicada, em regra, a Teoria Menor para as decisões relacionadas a desconsideração da personalidade jurídica na Justiça do Trabalho. Tal situação desprestigia a responsabilidade limitada das sociedades empresárias, o que prejudica sobremaneira os empreendedores.

A autonomia patrimonial, destacada no primeiro capítulo como um dos principais efeitos da personificação da pessoa jurídica, é a separação do patrimônio da empresa e a dos seus sócios.

O respeito a essa autonomia patrimonial ocorre tanto quando as sociedades são de responsabilidade limitada, quando são de responsabilidade ilimitada, visto que o credor somente pode buscar o patrimônio dos sócios da sociedade empresária após esgotado o patrimônio dela.

Nas sociedades de responsabilidade ilimitada o sócio responde com a totalidade do seu patrimônio; já nas sociedades limitadas somente irá responder com o capital subscrito na sociedade empresária.

A responsabilidade limitada é um dos mecanismos mais interessantes para o empreendedor, uma vez que poderá limitar o seu risco, fazendo o cálculo econômico e estabelecendo se vai ou não valer a pena enfrentar o risco de um empreendimento.

Todavia, as decisões proferidas na Justiça do Trabalho desprestigiam a responsabilidade limitada, uma vez que se aplica a Teoria Menor, atingindo o patrimônio dos sócios.

Tal situação é prejudicial aos empreendedores, uma vez que nos casos em que não houvesse qualquer abuso da pessoa jurídica, não poderia ocorrer a desconsideração da personalidade jurídica e, por conta disso, não se poderia atingir o patrimônio dos sócios além do valor subscrito por eles.

A forma com que é aplicada a desconsideração da personalidade jurídica demonstra que a praxeologia da decisão dos juízes trabalhistas é no sentido de deixarem de lado um dos instrumentos que facilitam bastante o empreendedorismo e a inovação, sendo um grande desestímulo ao emprego, já que a tendência, *a priori*, é que o incentivo para se empreender seja bem menor.

Os juízes trabalhistas fundamentam suas decisões em uma suposta questão ética, segundo a qual os trabalhadores deveriam ser pagos independentemente de qualquer motivo, inclusive da legislação aplicada ao caso.

Tal situação é baseada numa suposta relação entre o direito do trabalho e o direito do consumidor. Segundo a lógica das decisões apresentadas no primeiro capítulo, as relações trabalhistas são muito mais semelhantes às relações consumeristas do que às relações civis.

Todavia, a legislação comum tem como fundamento o Código Civil, diante do qual a CLT é uma legislação específica que trata tão somente das relações trabalhistas, sendo aquele aplicado subsidiariamente sempre que a CLT não apresentar qualquer previsão legal.

Conforme o artigo 82 da CLT, é determinado que o Código de Processo Civil seja utilizado subsidiariamente à CLT. Ora, mais uma vez se destaca: se o CPC é usado subsidiariamente como legislação procedimental subsidiária, por qual razão não seria o Código Civil?

Além disso, a desconsideração da personalidade jurídica, sendo feita em favor de um credor, poderá prejudicar os demais credores, caracterizando-se como um modo injusto de beneficiar um credor em prejuízo dos demais.

A legislação falimentar, Lei 11.101/2005, prevê o concurso de credores no qual é estabelecido quais são os credores que devem ser pagos, conforme a ordem estabelecida no artigo 83:

> A classificação dos créditos na falência obedece à seguinte ordem:
> I – os créditos derivados da legislação do trabalho, limitados a 150 (cento e cinquenta) salários-mínimos por credor, e os decorrentes de acidentes de trabalho;
> II – créditos com garantia real até o limite do valor do bem gravado;
> III – créditos tributários, independentemente da sua natureza e tempo de constituição, excetuadas as multas tributárias;
> IV – créditos com privilégio especial, a saber:

a) os previstos no art. 964 da Lei no 10.406, de 10 de janeiro de 2002;
b) os assim definidos em outras leis civis e comerciais, salvo disposição contrária desta Lei;
c) aqueles a cujos titulares a lei confira o direito de retenção sobre a coisa dada em garantia;
V – créditos com privilégio geral, a saber:
a) os previstos no art. 965 da Lei no 10.406, de 10 de janeiro de 2002;
b) os previstos no parágrafo único do art. 67 desta Lei;
c) os assim definidos em outras leis civis e comerciais, salvo disposição contrária desta Lei;
VI – créditos quirografários, a saber:
a) aqueles não previstos nos demais incisos deste artigo;
b) os saldos dos créditos não cobertos pelo produto da alienação dos bens vinculados ao seu pagamento;
c) os saldos dos créditos derivados da legislação do trabalho que excederem o limite estabelecido no inciso I do caput deste artigo;
VII – as multas contratuais e as penas pecuniárias por infração das leis penais ou administrativas, inclusive as multas tributárias;
VIII – créditos subordinados, a saber:
a) os assim previstos em lei ou em contrato;
b) os créditos dos sócios e dos administradores sem vínculo empregatício.

§1º Para os fins do inciso II do caput deste artigo, será considerado como valor do bem objeto de garantia real a importância efetivamente arrecadada com sua venda, ou, no caso de alienação em bloco, o valor de avaliação do bem individualmente considerado.

§2º Não são oponíveis à massa os valores decorrentes de direito de sócio ao recebimento de sua parcela do capital social na liquidação da sociedade.

§3º As cláusulas penais dos contratos unilaterais não serão atendidas se as obrigações neles estipuladas se vencerem em virtude da falência.

§4º Os créditos trabalhistas cedidos a terceiros serão considerados quirografários.

Uma das caraterísticas do processo falimentar é o juízo universal, ou seja, todos os credores sendo pagos com decisões emitidas no processo falimentar respeitando a ordem estabelecida na legislação acima apresentada.

Caso exista um credor em situação similar a outro ou até mesmo em condição mais privilegiada, isso não seria claramente um benefício indevido dado ao credor que obteve a desconsideração da personalidade jurídica do devedor?

O que fica claro é que existem outros mecanismos jurídicos que podem ser utilizados para que o credor receba seus créditos, não podendo ser a desconsideração da personalidade jurídica o único caminho a ser utilizado pelos juízos trabalhistas.

Mas – questiona-se – qual seria a praxeologia correta? Como seria a forma ideal de se buscar a solução do não-pagamento dos débitos trabalhistas? Ou qual seria a forma correta para aplicação da desconsideração da personalidade jurídica? E como fazer para que os juízes apliquem a Teoria Menor com amparo legal?

3.5 A Correta Praxeologia para Aplicação da Desconsideração da Personalidade Jurídica

Os juízes são servidores da administração pública, estando sujeitos aos princípios previstos no artigo 37 da Constituição Federal: "A administração pública direta e indireta de qualquer dos Poderes da União, dos Estados, do Distrito Federal e dos Municípios obedecerá aos princípios de legalidade, impessoalidade, moralidade, publicidade e eficiência e, também, ao seguinte [...]".

O princípio que nos interessa no presente trabalho é o da legalidade, ou seja, aquele que se vincula ao cumprimento da lei por parte do agente público, somente podendo fazer o que foi autorizado por lei.

Helly Lopes Meireles (2004, p. 67) considera que "a legalidade, como princípio de administração, significa que o administrador público está, em toda sua atividade funcional, sujeito aos mandamentos da lei e às exigências do bem comum, e deles não se pode afastar ou desviar, sob pena de praticar ato inválido e expor-se à responsabilidade disciplinar, civil e criminal, conforme o caso".

Meireles (2004, p. 88) ainda complementa demonstrando a diferença entre a administração pública e a particular: "Na Administração Pública não há liberdade nem vontade pessoal. Enquanto na administração particular é lícito fazer tudo que a lei não proíbe, na Administração Pública só é permitido fazer o que a lei autoriza. A lei para o particular significa 'pode fazer assim'; para o administrador público 'deve fazer assim'."

Hans Kelsen (2009, p. 310) justifica a diferença entre o direito público e o privado afirmando que "o direito privado representa uma relação entre sujeitos em posição de igualdade – sujeitos que têm juridicamente o mesmo valor – e o direito público uma relação entre um sujeito subordinado – entre dois sujeitos, dos quais um tem, em face do outro, um valor jurídico superior. A relação típica de direito público é a que existe entre o Estado e o súdito".

Como os agentes públicos muitas vezes abusam do poder que foi dado a eles, é necessário lembrar que o juiz é um servidor público e, como natural guardião da legislação, deve respeitá-la e cumprir o regramento criado pelo poder legislativo, sendo o princípio da legalidade uma das formas de se limitar os abusos perpetrados pelos agentes do estado.

Dessa forma, caso o juiz defira a desconsideração da personalidade jurídica na Justiça do Trabalha sem cumprir o que foi determinado pelo artigo 50 do Código Civil, estará caracterizado um caso de abuso de direito.

Um dos principais problemas da *diregard doctrine* no Brasil é que não existe previsão procedimental de como deve ocorrer a desconsideração, sendo muitas vezes desconsiderada a personalidade jurídica sem que o sócio da sociedade empresária seja citado. Tal situação é bastante comum na Justiça do Trabalho, o que viola o princípio da legalidade.

Para sanar esse problema, o anteprojeto do Código de Processo Civil determina que deverá ser utilizado um incidente processual no processo, no qual o sócio da sociedade empresária deverá ser citado para se defender e, somente após a sua defesa, é que poderá ser determinada a desconsideração da personalidade jurídica.

Essa prescrição procedimental dará maior previsibilidade quanto ao tema, uma vez que trará a forma com a qual os empreendedores poderão ter o seu patrimônio pessoal atingido, conforme pode ser verificado nos artigos 133 a 137, abaixo transcritos:

Art. 133. O incidente de desconsideração da personalidade jurídica será instaurado a pedido da parte ou do Ministério Público, quando lhe couber intervir no processo.

§1º O pedido de desconsideração da personalidade jurídica observará os pressupostos previstos em lei.

§2º Aplica-se o disposto neste Capítulo à hipótese de desconsideração inversa da personalidade jurídica.

Art. 134. O incidente de desconsideração é cabível em todas as fases do processo de conhecimento, no cumprimento de sentença e na execução fundada em título executivo extrajudicial.

§1º A instauração do incidente será imediatamente comunicada ao distribuidor para as anotações devidas.

§2º Dispensa-se a instauração do incidente se a desconsideração da personalidade jurídica for requerida na petição inicial, hipótese em que será citado o sócio ou a pessoa jurídica.

§3º A instauração do incidente suspenderá o processo, salvo na hipótese do § 2º.

§4º O requerimento deve demonstrar o preenchimento dos pressupostos legais específicos para desconsideração da personalidade jurídica.

Art. 135. Instaurado o incidente, o sócio ou a pessoa jurídica será citado para manifestar-se e requerer as provas cabíveis no prazo de quinze dias.

Art. 136. Concluída a instrução, se necessário, o incidente será resolvido por decisão interlocutória, contra a qual caberá agravo de instrumento.
Parágrafo único. Se a decisão for proferida pelo relator, cabe agravo interno.
Art. 137. Acolhido o pedido de desconsideração, a alienação ou oneração de bens, havida em fraude de execução, será ineficaz em relação ao requerente.

Com a aplicação desse incidente processual, fica claro o respeito que se daria à previsão constitucional no artigo 5o, LIV, de que não seria possível alguém ser "privado de seus bens sem o devido processo legal".
Michel Ferro e Silva (2012, p. 424-426) chega às seguintes conclusões sobre o Incidente de Desconsideração da Personalidade Jurídica:

> 1. Se bem aplicada, a teoria da desconsideração da personalidade jurídica pode representar importante instrumento de efetividade da função jurisdicional executiva.
> 2. A teoria da desconsideração não pode ser confundida com a chamada responsabilidade patrimonial secundária, sendo certo que a primeira representa sanção ao sócio que praticou ato considerado irregular pela legislação nacional.
> 3. Na hipótese de acolhimento do pedido de desconsideração, o sócio ou a sociedade, no caso de grupo econômico, assume a qualidade de executado, possuindo responsabilidade e obrigação pela dívida. Não lhe será lícito, nesse caso, alegar o benefício de exigir sejam primeiro excutidos os bens da sociedade devedora.
> 4. O projeto do Novo Código de Processo Civil, sanando omissão existente na legislação processual, trata do incidente de desconsideração da personalidade jurídica.
> 5. Referido incidente poderá ser instaurado em qualquer etapa do processo de conhecimento, no cumprimento de sentença e também na execução fundada em título executivo extrajudicial, mediante requerimento do credor ou do Ministério Público. Vedada a instauração por intermédio do órgão jurisdicional, o que mereceu nossas críticas.

6. Para instauração do incidente, deverá ser realizada prévia citação do sócio ou da sociedade a fim de que seja respeitado o princípio do devido processo legal e, ainda, o direito ao contraditório e a ampla defesa.

7. Atos de invasão no patrimônio dos sócios ou da sociedade somente poderão ser praticados após a decisão, acolhendo o pedido de desconsideração, o que não impede que o credor se valha de medidas de urgência para assegurar o resultado útil do processo.

8. O incidente se encerra através de decisão interlocutória de mérito que constitui o título executivo judicial impondo o dever de pagar ao sócio ou à sociedade. Referida decisão está apta a produzir coisa julgada material.

9. Após o acolhimento do pedido de desconsideração, o sócio ou a sociedade deverá ser intimado para pagamento, sob pena de incidência de multa de 10% (dez por cento). Não o fazendo, deverá ser expedido mandado de penhora e avaliação de bens.

10. O sócio ou a sociedade tem o direito não só de impugnar o pedido de desconsideração, sendo-lhe lícito também oferecer resistência à pretensão executiva do credor.

Quando o novo Código de Processo Civil entrar em vigor, uma grande falha do direito processual será sanada, o que permitirá uma maior previsibilidade para os sócios das sociedades empresárias. Com essa previsibilidade procedimental, os empreendedores poderão calcular melhor os seus riscos, sendo possível saber quando, de fato, a desconsideração poderá atingir seu patrimônio pessoal.

É importante destacar que os juízes do trabalho terão a obrigação de utilizar o incidente, mesmo nos casos trabalhistas, visto que o Código de Processo Civil deve ser utilizado subsidiariamente à CLT.

Com a questão do direito processual devidamente resolvida, resta questionar como se daria a solução para o direito material, já que o fundamento usado pelos juízes do trabalho é um dos graves problemas para os empreendedores.

A fundamentação que é utilizada pelos juízes trabalhistas, conforme a jurisprudência apresentada no primeiro capítulo do livro, é, em grande parte das decisões, lastreada na previsão do parágrafo 5o do artigo 28 do Código de Defesa do Consumidor. Tal fundamentação, conforme já demonstrado, não é a correta. A fundamentação apropriada teria por base o artigo 50 do Código Civil, devendo ser provado, por quem requer, o abuso da personalidade jurídica. Caso não seja feita a prova do abuso, não poderia ser deferida a desconsideração da personalidade jurídica na Justiça do Trabalho.

Mas como obrigar os juízes trabalhistas a cumprirem essa determinação?

Em tese, os magistrados deveriam cumprir a legislação civil por ser subsidiária à CLT, todavia isso não ocorre. Dessa forma, a solução para que seja utilizado o Código Civil seria uma mudança de postura dos magistrados no sentido de entender que o ordenamento jurídico é feito para que os indivíduos possam ter liberdade dentro da lei.

O ordenamento jurídico que fundamenta a relação entre particulares é o Código Civil, sendo a Consolidação das Leis do Trabalho uma mera justiça civil especializada, mas tratando de uma relação entre particulares.

Tal fundamento permite que o empreendedor saiba a regra do jogo previamente. Com base nisso poderá saber o que pode e o que não pode ser feito dentro da relação entre os particulares.

Como já afirmado de forma reiterada, usa-se o Código de Defesa do Consumidor para deferir a desconsideração da personalidade jurídica na Justiça do Trabalho. Ora, assim como a CLT, o CDC também se trata de uma legislação específica, a qual só deve ser aplicada nas relações de consumo.

Da mesma forma que o Código Civil é utilizado de forma subsidiária à Consolidação das Leis do Trabalho, deverá ser utilizado subsidiariamente no caso do Código de Defesa do Consumidor.

Quando o magistrado trabalhista faz uso do Código de Defesa do Consumidor no lugar do Código Civil ele viola toda a sistematização do ordenamento jurídico, prejudicando a previsibilidade para quem empreende no Brasil.

Dessa forma, chegam-se às seguintes sugestões para que haja uma maior previsibilidade para os empreendedores.

A primeira solução seria a mudança de mentalidade dos magistrados trabalhistas no sentido de respeitarem a liberdade dentro da lei. Todavia, essa parece não ser a solução mais eficaz.

A segunda solução seria constar na Consolidação das Leis Trabalhistas previsão semelhante ao Código Civil. Dessa forma, não haveria qualquer dúvida de que deveria ser utilizada a Teoria Maior para ser aplicada a desconsideração da personalidade jurídica.

Os sócios saberiam então qual seria o risco em se envolver na sociedade empresária e em quais situações poderiam ter seu patrimônio pessoal atingido, no caso de ser determinada a desconsideração.

Uma terceira sugestão pode ser dada para que a praxeologia da Justiça do Trabalho tenha coerência, que seria a inclusão de um artigo semelhante ao artigo 28 do Código de Defesa do Consumidor.

Ainda que se entenda no presente trabalho que essa não é a forma correta de aplicação da desconsideração da personalidade jurídica, tal previsão legal permitiria que o magistrado trabalhista tivesse uma fundamentação legal. Caso houvesse essa previsão, a jurisprudência trabalhista poderia ter razão em aplicar a Teoria Menor.

Por fim, a praxeologia correta da *disregard doctrine* é utilizar o artigo 50 do Código Civil, desde que quem requeira a desconsideração comprove o abuso de personalidade jurídica, caracterizado pelo desvio de finalidade, ou pela confusão patrimonial. Caso o magistrado trabalhista desconsidere a personalidade jurídica sem essa comprovação, estará abusando do direito e violando a liberdade dentro da lei.

Conclusão

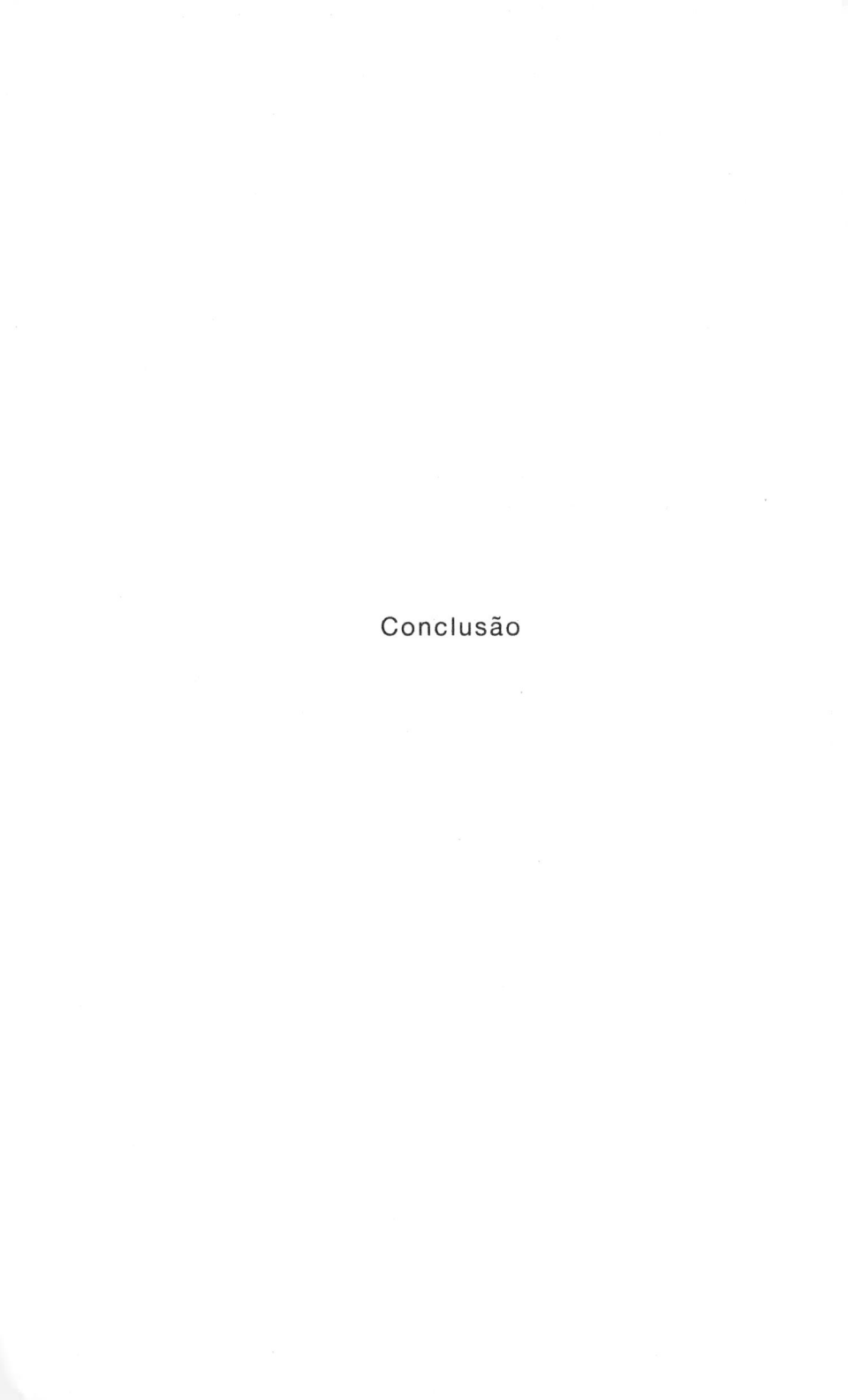

Este breve estudo, se foi bem-sucedido, teve por objetivo fazer a análise econômica da desconsideração da personalidade jurídica na Justiça do Trabalho. Para que isso fosse feito, foi necessário apresentar desde a criação da ideia de pessoa jurídica até a jurisprudência dessa justiça especializada, bem como a escola de economia tida por referência, qual seja, a Escola Austríaca de Economia. Desta forma, às seguintes conclusões pudemos chegar:

1. A pessoa jurídica tem como um de seus principais efeitos a separação patrimonial entre a pessoa natural e a pessoa jurídica. Tal separação patrimonial permite que os sócios limitem a sua responsabilidade nas sociedades empresárias.

2. A Consolidação das Leis do Trabalho (CLT) não possui qualquer previsão sobre a *disregard doctrine*, devendo aplicar a legislação comum, que é o Código Civil.

3. Todavia, as decisões apresentadas demonstram que os juízes trabalhistas utilizam em grande parte das suas decisões o artigo 28 do Código de Defesa do Consumidor, fazendo um paralelo e afirmando que existe uma maior relação entre a relação de consumidor e fornecedor com a de empregado e empregador.

4. A aplicação do Código de Defesa do Consumidor na Justiça do Trabalho é equivocada, uma vez que a legislação trabalhista deveria utilizar subsidiariamente a legislação comum, ou seja, o Código Civil e seu artigo 50.

5. A Escola Austríaca de Economia tem esse nome em virtude dos seus primeiros autores terem estudado e/ou ensinado na Universidade de Viena na Áustria. O seu fundador foi Carl Menger, com o livro *Princípios de Economia Política*, que revolucionou todo o pensamento econômico mundial com a Revolução Marginalista.

6. Para ser feita a análise econômica da desconsideração da personalidade jurídica foram estudados quatro autores da Escola Austríaca de Economia: Carl Menger, Ludwig von Mises, Friedrich August von Hayek e Israel Kirzner. Cada um desses autores trouxe uma ideia para a presente análise econômica.

Carl Menger apresentou a teoria do valor subjetivo e a lei de utilidade marginal. A teoria do valor subjetivo demonstrou que o interesse de cada um depende dos valores do consumidor, e que esse interesse pode diminuir desde que seja satisfeito o primeiro interesse do consumidor.

A praxeologia de Ludwig von Mises, ou seja, o estudo da ação humana, defende que dependerá dos indivíduos modificarem a sua situação, saindo assim de uma situação de menor bem-estar para uma situação de maior bem-estar.

A liberdade e a lei, para Friedrich von Hayek, podem ser definidas como a possibilidade de se ter o governo da lei e não o governo dos homens. Tal situação permite uma maior liberdade, já que há uma previsibilidade das causas e consequências das atitudes dos indivíduos. Já a ordem espontânea demonstra que os avanços da humanidade não dependeram de uma única pessoa, mas de uma série de erros e acertos que permitiram que a humanidade evoluísse.

O último pensamento utilizado no presente trabalho foi acerca da função empresarial, de Israel Kirzner. Essa concepção está relacionada com o estado de vigilância do empreendedor, ou seja, com a verificação das oportunidades que surgem para agradar o consumidor.

7. O valor subjetivo do empreendedor decorre diretamente da eficiência, i.e, de inovar e de buscar a melhor solução

para as dificuldades encontradas no dia a dia, não sendo tão somente melhorar a eficiência da produção, mas criar novidades e agradar o consumidor. Tendo, nas palavras de Schumpeter, a destruição criativa como norte.

8. Existem inúmeras dificuldades no Brasil para empreender, como o tempo necessário para abrir uma empresa e a quantidade de horas necessárias para se organizar o pagamento dos tributos. O Brasil possui um dos piores índices do mundo para se abrir uma empresa e para se organizar o pagamento de tributos.

9. Foi verificado que, na maioria das vezes, não há qualquer respeito à legislação que trata da desconsideração da personalidade jurídica, visto que o artigo utilizado para fundamentar as decisões dos juízes trabalhistas é o 28, do Código de Defesa do Consumidor, e não o artigo 50, do Código Civil, que seria a legislação subsidiária à Justiça do Trabalho. Tal situação viola a liberdade dentro da lei, uma vez que não há previsão legal para sua aplicação nessa justiça especializada. Além disso, viola o direito dos outros credores, já que vai privilegiar um credor em detrimento de todos os outros.

10. A aplicação errônea da desconsideração da personalidade jurídica também prejudica a ordem espontânea, visto que não existe uma situação de previsibilidade com relação ao pagamento dos devedores, bem como há um desestímulo ao desenvolvimento, uma vez que o empreendedor não consegue calcular o risco do seu empreendimento.

11. A praxeologia – ciência da ação humana – utilizada pelos juízes para fundamentarem as suas decisões no artigo 28, do Código de Defesa do Consumidor, foi no sentido de melhorar a situação de um trabalhador, sem medir as consequências que tal situação provocaria para outros indivíduos. Os juízes são servidores públicos e estão sujeitos ao sistema jurídico a que pertencem. Se o Código Civil é a legislação comum e é usada subsidiariamente à Consolidação das Leis do Trabalho, os juízes não poderiam utilizar o Código de Defesa do Consumidor sem com isso abusar

do direito processual. Tal situação prejudica os outros indivíduos por dificultarem o cálculo econômico dos seus riscos e, por consequência, desestimularem a criação de pessoas jurídicas no Brasil, uma vez que envolve, além do risco inerente ao negócio, o risco de perder o seu patrimônio pessoal. Além disso, a aplicação equivocada da desconsideração da personalidade jurídica prejudica os credores, uma vez que o credor que requer a desconsideração da personalidade jurídica é beneficiado em detrimento de todos os outros credores da pessoa jurídica.

12. Uma das formas de cobrar os débitos quando há desvio de finalidade da pessoa jurídica é o procedimento falimentar, baseado na lei 11.101/05. A possibilidade de poder ocorrer a desconsideração da personalidade jurídica em benefício de um credor pode inclusive prejudicar credores com um crédito que tenha um privilégio de crédito maior do que o outro.

13. A solução estabelecida no anteprojeto do Código de Processo Civil pacifica qual o procedimento a ser utilizado para desconsiderar a personalidade jurídica e passa a dar a previsibilidade necessária ao mercado, diminuindo o risco dos empreendedores.

14. Para efetivar o uso da Teoria Maior para a desconsideração da personalidade jurídica na Consolidação das Leis do Trabalho deveria ser incluído um artigo similar ao artigo 50, do Código Civil. Ou ainda, caso se entendesse que fosse a Teoria Menor a ser a utilizada, que constasse na CLT um artigo com essa previsão legal; assim seria possível para os juízes determinarem a desconsideração da personalidade jurídica como fazem hoje.

Notas

Capítulo 1

1. Caso nada seja produzido pelo homem ele não terá acesso a bens e os serviços, permanecendo no seu estado inicial de pobreza. Segundo Donald Stewart Júnior (1997, 22), "para ser pobre ou permanecer pobre, não é preciso esforço algum: basta fazer nada. Para baixo todo santo ajuda. Descer é fácil, "Descer ao inferno" é fácil; difícil é "subir aos céus". Para descer ao inferno, para aumentar a pobreza não é preciso fazer esforço: basta tomar o caminho da descida. Para melhorar de vida, assim como para subir aos céus, é preciso ter o esforço, a tenacidade e a perseverança inerentes a quem escolhe o caminho da subida." Segundo Tocqueville (1991, I, 1163 e 1164)," "O homem nasce com necessidades e produz necessidades. As primeiras advém da sua constituição física, as segundas do costume e da educação. Tenho mostrado que na origem das sociedades os homens praticamente não tinham senão necessidades naturais, somente buscavam viver; mas na medida em que as satisfações da vida se estendem mais, eles desenvolvem o hábito de se dedicar a algumas delas, e estas terminaram por se converter em algo tão necessário quanto a própria vida. Mencionarei o uso do tabaco, pois este é um objeto de luxo que penetrou até nos desertos e que desenvolveu entre os selvagens um deleite artificial, que é necessário satisfazer a qualquer preço. O tabaco é tão indispensável aos indígenas quanto o alimento, e eles são tentados a recorrer à caridade pública se se sentirem privados desse prazer, como se lhes faltasse a comida. Eles têm, pois, uma causa de mendicidade desconhecida para os seus pais. Isto que falei do tabaco aplica-se a uma quantidade de objetos sem os quais não saberíamos viver uma vida civilizada. Quanto mais uma sociedade for rica, produtiva, próspera, mais os deleites da maioria são variados e permanentes; quanto mais os deleites forem variados e permanentes, mais eles se assemelharão, pela força do costume e do exemplo, às verdadeiras necessidades. O homem civilizado está, pois, infinitamente mais exposto às vicissitudes do destino do que o homem selvagem. Aquilo que somente afeta a este último de tempos em tempos e em algumas circunstâncias, pode afetar sem cessar e em circunstâncias ordinárias ao homem civilizado. Com o círculo de seus deleites ele alargou o círculo das suas necessidades e oferece um flanco maior aos golpes da fortuna. Daí decorre

o fato de que o pobre da Inglaterra parece quase rico ao pobre da França, e este ao indigente espanhol. Aquilo que falta ao Inglês nunca foi objeto de posse do Francês. E isso acontece também na medida em que se desce na escala social. Nos povos muito civilizados, a falta de um monte de coisas causa a miséria. No estado selvagem, a pobreza não consiste senão em não ter o que comer».

2. Os custos de transação são relacionados aos custos que um empreendedor tem para montar e manter o seu negócio, depende de uma série de fatores, como custos trabalhistas, civis e societários, além de matéria-prima, mão de obra e diversos outros aspectos. Um dos objetivos do empreendedor é obter o menor custo de transação possível.

3. Nome empresarial – Nome que é dado para sociedade empresária, podendo ser firma ou denominação, conforme o artigo 1.155, do Código Civil. Poderá ter proteção estadual ou nacional, a depender do interesse da sociedade empresária. **Título de Estabelecimento** – É o mesmo que o nome *fantasia*, ou seja, o apelido que é dado ao estabelecimento, não tendo de ser igual o nome empresarial e nem a marca. **Marca** – A marca não se confunde com o nome empresarial, apesar de ser possível a coincidência entre um e outro. A marca é regida pela Lei 9.279, de 1996, e podem, segundo o artigo 122, ser suscetíveis de registro como marca os sinais distintivos visualmente perceptíveis, não compreendidos nas proibições legais.

4. Existe uma discussão doutrinária se a EIRELI – Empresa Individual de Responsabilidade Limitada seria uma sociedade empresária, todavia o Código Civil a elenca no rol do artigo 44, como mais um tipo de pessoa jurídica, não se confundindo com as sociedades: Art. 44. São pessoas jurídicas de direito privado: I - as associações; II - as sociedades; III - as fundações; IV - as organizações religiosas; V - os partidos políticos; VI - as empresas individuais de responsabilidade limitada.

5. BRASIL. Superior Tribunal de Justiça. Responsabilidade civil e Direito do consumidor. Recurso especial. Shopping Center Osasco-SP. Explosão. Consumidores. Danos Materiais e morais. Ministério Público. Legitimidade ativa. Pessoa jurídica. Desconsideração. Teoria Maior e Teoria Menor. Limite de responsabilização dos sócios. Código de Defesa do Consumidor. Requisitos. Obstáculo ao ressarcimento de prejuízos causados aos consumidores. Art. 28, § 5°. Recurso especial n° 279.273 – SP. Recorrente: B Sete Participações S/A e outros. Recorrido: Ministério Público do Estado de São Paulo. Relatora: Ministra Nancy Andrighi. Brasília, 04 de dezembro de 2003. DJ em 29/03/2004.

6. O Artigo 264 do Código Civil define quando há solidariedade: "Há solidariedade, quando na mesma obrigação concorre mais de um credor, ou mais de um devedor, cada um com direito, ou obrigado, à dívida toda."

7. O anteprojeto que já foi aprovado no Senado em primeiro turno e aprovado na câmara dos deputados com emendas, hoje se encontra no Senado para a votação final.

8. Disponível em: http://as1.trt3.jus.br/consulta/detalheProcesso1_0.htm. Acesso em 13/6/2014

Capítulo 2

1. O termo *praxeologia* foi empregado pela primeira vez em 1890 por Espinas, no artigo "Les orígenes de la technologie!", *Revue philosophique*, p.114-115, ano XV, vol. 30, e seu livro publicado em Paris em 1897, com o mesmo titulo.

*Praxeologia: do grego *praxis* – ação, habito, pratica – e logia – doutrina, teoria, ciência. É a ciência ou teoria geral da ação humana. Mises definiu ação como "manifestação da vontade humana": ação como sendo um "comportamento propositado". A praxeologia, a partir deste conceito apriorístico da categoria ação, analisa as implicações plenas de todas as ações. A praxeologia busca conhecimento que seja válido sempre que as condições correspondam exatamente àquelas consideradas na hipótese teórica. Sua afirmação e sua proposição não decorrem da experiência: antecedem qualquer compreensão dos fatos históricos. (Extraído de *Mises Made Easier*. Percy L. Greaves Jr., Nova Iorque, Free Market. Books, 1974. N.T.)

2. John Marshall, presidente da Suprema Corte Americana, na ação movida por Osborn contra o *Bank of The United States*, em 1824.

Capítulo 3

1. Disponível em http://www.heritage.org/index/country/brazil. Acesso em 9/7/2014

2. Disponível em http://economia.uol.com.br/noticias/infomoney/2013/09/19/brasileiro-demora-99-dias-a-mais-para-abrir-empresa-ao-comparar-com-outros-paises.htm. Acesso em 10/7/2014.

3. Disponível em http://www.heritage.org/index/ranking. Acesso em 10/7/2014.

Referências

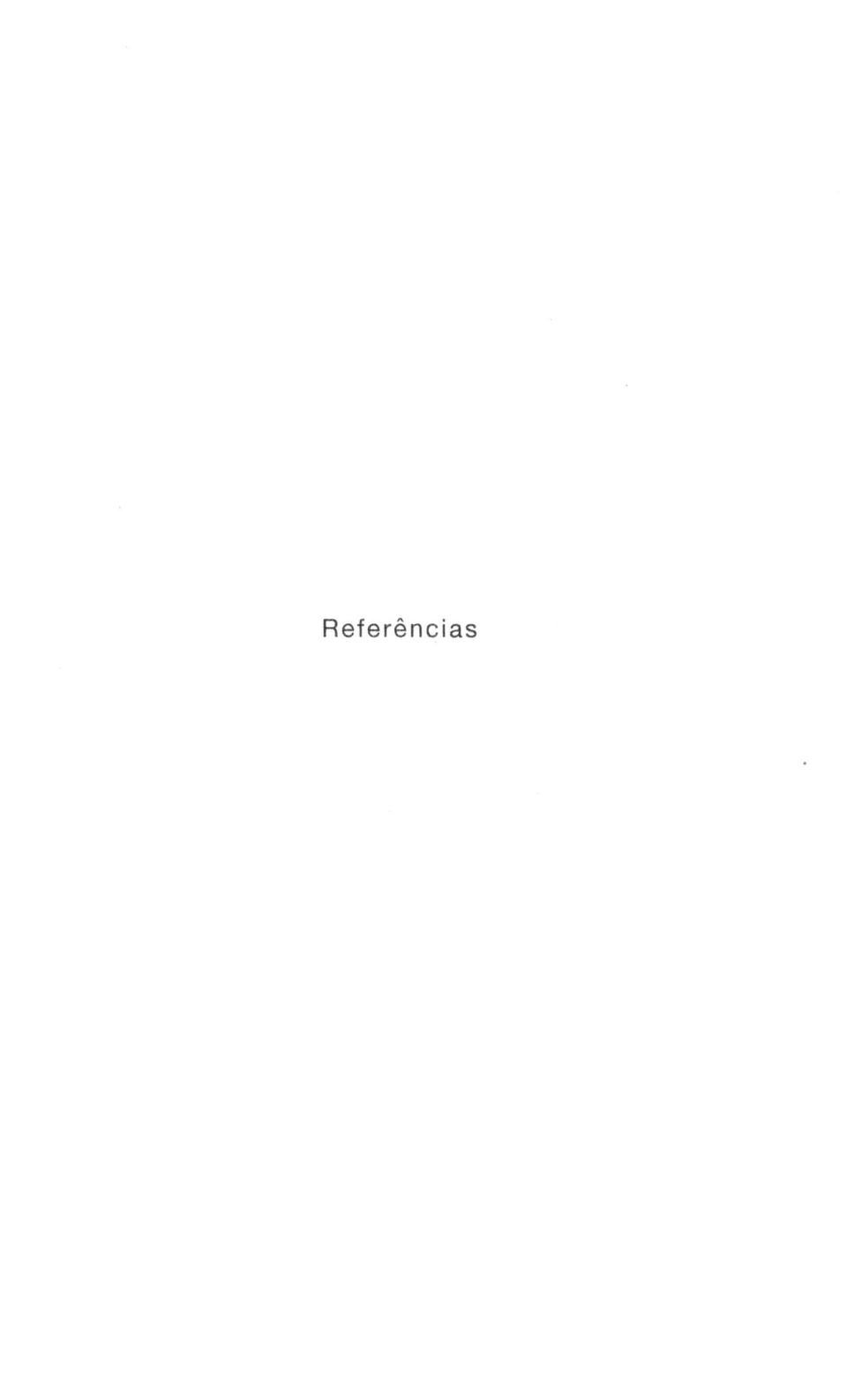

ASCARELLI, Tutlio. *Iniciación al Estudio del Derecho Mercantil. Introducción y traducción* de Evelio Verdera y Tuells. Barcelona: Bosch, 1964.
BARACAT, Eduardo Milléo. "Desconsideração da personalidade jurídica da sociedade limitada no processo do trabalho: interpretação à luz do princípio de dignidade da pessoa humana" In: SANTOS, José Aparecido dos (Coord.) *Execução trabalhista*. 2. ed. São Paulo: LTr, 2010. p. 182-203.
Böhm-Bawerk, Eugene von. *A Teoria da Exploração do Socialismo Comunismo*. São Paulo: Instituto Ludwig von Mises Brasil, 2010.
BORBA, José Edwaldo Tavares. *Direito Societário*. 9. ed. rev. aum. atual. Rio de Janeiro: Renovar, 2004.
BORBA, Rodrigo Rabelo Tavares. "Teoria da Desconsideração da Personalidade Jurídica." Revista do BNDES, Brasília, ano 2011, v. 35, p. 365-408, jun. 2011.
BULGARELLI, Waldirio. *Tratado de Direito Empresarial*. 2. ed. São Paulo: Atlas, 1995.
CAIRU, Visconde de. *Princípios de direito mercantil e leis de marinha*. Tomo V, capítulo XXII. Lisboa, 1819.
CAMPOS, Francisco. "Nome Comercial" (parecer). Revista Forense. Rio de Janeiro, v. LXVIII, ano XXXIII, jul/set. 1936.
CARPENA, Márcio Louzada. "Os poderes do Juiz no Common Law". Revista de Processo – REPRO 180. 2010.
CARVALHO, Francisco de Assis Galucci. "As sociedades limitadas no direito brasileiro."Unesp. São Paulo. Ano 2010. Disponível em: <http://www.franca.unesp.br/Francisco_de_Assis_ Galucci_de_Carvalho.pdf>. Acesso em 1 out. 2013.
CARVALHO. Ivo César Barreto de. "A Desconsideração da Personalidade Jurídica no Novo Código Civil Brasileiro." Revista Opinião Jurídica. Fortaleza, 2011.
CHAVES DE FARIAS, Cristiano. ROSENVALD, Nelson. *Direito Civil: Teoria Geral*. Rio de janeiro: Editora Lumen Juris, 2007.
COMPARATO, Fábio Konder. *O poder de controle na sociedade anônima*. 3. ed. Rio de Janeiro: Forense, 1983, p . 274-275.
CONSTANTINO, Rodrigo. *Economia do Indivíduo: O legado da Escola Austríaca*. São Paulo: Instituto Ludwig von Mises, 2009.
DALLEGRAVE NETO, José Affonso. "A execução dos bens dos sócios em face da *disregard doctrine*". IN: DALLEGRAVE NETO, José Afonso; FREITAS, Ney José de (coord.). *Execução trabalhista: estudos em homenagem ao ministro João Oreste Dalazen*. São Paulo: LTr, 2002, p. 172-217.

DIDIER Jr., Fredie. *Regras Processuais no Código Civil*. São Paulo: Saraiva, 2008, p. 5.
FERRARA, Francesco. *Le Persone Giuridiche*. 2. ed. Turim: Unione Tipografica, 1958.
FRIGERI, Márcia. "A responsabilidade dos sócios e administradores e a desconsideração da personalidade jurídica". Revista dos Tribunais, São Paulo, n. 739, maio 1997, p. 53-69.
GIDI, Antonio. *A Class Action como Instrumento de Tutela Coletiva dos Direitos*. São Paulo: Ed. RT, 2007.
GONÇALVES, Oksandro. *Desconsideração da Personalidade Jurídica*. Curitiba, Juruá, 2009.
GRINOVER, Ada Pellegrini. *O Processo: estudos e pareceres*. São Paulo: DPJ, 2005.
HAYEK, Friedrich von. Carl Menger (1840-1921) in *The Collected Works of F.A. Hayek*, volume IV: *The Fortunes of Liberalism: Essays on Austrian Economic and The Ideal Freedom*. Ed. Peter G. Klein. Chicago: The University of Chicago Press, 1992.
_____, Friedrich von. *Direito, Legislação e Liberdade – Normas e Ordem*. Vol. I. São Paulo: Visão, 1985.
_____, Friedrich von. *Os Fundamentos da Liberdade*. São Paulo: Visão, 1983.
_____, Friedrich von. *The counter-revolution of science: Studies in the abuse of reason*. Glencoe: Free Press, 1952.
IORIO, Ubiratan Jorge. *Ação, tempo e conhecimento: A Escola Austríaca de Economia*. São Paulo: Instituto Ludwig von Mises, 2011.
_____, Ubiratan Jorge. *Economia e Liberdade: a Escola Austríaca e a economia brasileira*. Rio de Janeiro: Forense Universitária, 1997.
_____, Ubiratan Jorge. "A Escola Austríaca de Economia na Vanguarda". MISES: Revista Interdisciplinar de Filosofia, Direito e Economia. Instituto Ludwig von Mises Brasil. Vol. I, Nº. 1: Jan – Jun. 2013. São Paulo: IMB, 2013, p. 5-18.
JUSTEN FILHO, Marçal. *Desconsideração da Personalidade Societária no Direito Brasileiro*. São Paulo: RT, 1987.
KELSEN, Hans. *Teoria Pura do Direito*. Tradução de João Baptista Machado. São Paulo: Editora WMF Martins Fontes, 2009.
KIRZNER, Israel M. *Competição e Atividade Empresarial*. São Paulo: Instituto Ludwig von Mises Brasil, 2012.
KOURY, Suzy Elizabeth Cavalcante. *A Desconsideração da Personalidade Jurídica (Disregard Docrine) e os Grupos de Empresas*. Rio de Janeiro: Forense, 3a. ed., 2011.
LANA, Henrique Avelino Rodrigues de Paula; ALVES, Marco Túlio Fernandes; FERREIRA, Tiago Mateus Perdigão Diz. "Evolução Histórica e atual estágio da pessoa jurídica no Código Civil de 2002: crise da personalidade jurídica" . Revista Jurídica On-line do Curso de Direito do Centro Unisal de Lorena. 13. ed. São Paulo, ano 2010. Disponível em: <http://www.direitounisal.com.br/wordpress/?page_id=705>. Acesso em 1 out. 2013.
LEONI, Bruno. *Liberdade e a Lei*. São Paulo: Instituto Ludwig von Mises, 2010.
LOVATO, Rafael. "A Desconsideração da Personalidade Jurídica: a Teoria Maior e Tese sobre a Teoria Menor". Revista da PGBC, São Paulo, ano 2008, v. 2, nº 1.
MARTINS, Fran. *Curso de Direito Comercial: empresa comercial, empresários individuais, microempresas, sociedades comerciais, fundo de comércio*. Rio de janeiro: Forense, 2000.
MARX, Karl. *O Capital – Crítica da Economia Política*. Vol. I. Coleção Os Economistas. São Paulo: Ed. Nova Cultural, 1996.
MEIRELLES, Hely Lopes. *Direito Administrativo Brasileiro*. São Paulo: Malheiros, 2004.
MELLO, Marcos Bernardes de. *Teoria do fato jurídico: plano da eficácia* – 1.ª parte. São Paulo: Saraiva, 2003.
MENDONÇA, J. X. Carvalho de. *Tratado de direito comercial brasileiro*. Vol. III. 7ª ed. Rio de Janeiro: Freitas Bastos, 1963.

_____, J. X. Carvalho de. *Tratado de Direito Comercial Brasileiro*. 5. ed. Rio de Janeiro: Freitas Bastos, 1953, v. 3, Livro 2, parte 3, item 601.
MENGER, Carl. *Princípios de Economia Política*. São Paulo: Nova Cultural, 2ª. ed., 1987.
MIRANDA, Francisco Cavalcanti Pontes de. *Tratado de Direito Privado: pessoas físicas e jurídicas*. 2ª. ed. Atualizado por Vilson Rodrigues Alves. Campinas: Bookseller, 2000. v.1.
MISES, Ludwig von. *Ação Humana*. São Paulo: Instituto Ludwig von Mises Brasil, 2010.
_____, Ludwig von. *O cálculo econômico sob o socialismo*. São Paulo: Instituto Ludwig von Mises, 2012.
_____, Ludwig von. *The Historical Setting of the Austrian School of Economics*. New Rochelle, NY: Arlington House, 1969.
MORAES FILHO, Evaristo de. *Sucessão nas obrigações e a teoria da empresa*. Rio de Janeiro: Forense, 1960, v. 1.
OLIVEIRA, J. Lamartine Corrêa de. *A dupla crise da pessoa jurídica*. São Paulo: Saraiva, 1979.
ORTEGA Y GASSET. José. *Ideas y Creencias*. Madrid: Alianza Editorial, 1986.
POSNER, Richard A. *A problemática da teoria moral e Jurídica*. Tradução de Marcelo Brandão Cipolla. São Paulo: WMF Martins Fontes, 2012.
_____, Richard A. *Economic analysis of law*. 4ª. ed. Boston –Toronto-Londres: Little Brown & Co, 1992.
_____, Richard A. *Para Além do Direito*. Tradução de Evandro Ferreira e Silva. São Paulo: WMF Martins Fontes, 2009.
RAO, Vicente. *O direito e a vida dos direitos*. São Paulo: Max Limonad, 1952, v. 2.
READ, Piers Paul. *Os templários*. Rio de Janeiro: Imago, 2001.
REQUIÃO, Rubens. "Abuso de direito e fraude através da personalidade jurídica". Revista dos Tribunais, São Paulo, ano 2002, v. 803, p. 751-764, set. 2002.
ROTHBARD, Murray. *Governo e Mercado*. São Paulo: Instituto Mises Brasil, 2012.
_____, Murray. *Man, Economy, and State*. Alabama: Ludwig von Mises Institute, 2009.
_____, Murray. *O essencial von Mises*. São Paulo: Instituto Mises Brasil, 3a. ed., 2010.
_____, Murray. *O que o governo fez com nosso dinheiro*. São Paulo: Instituto Mises Brasil, 2013.
SALAMA, Bruno Meyerhof. "Menos do Que o Dono, Mais do que o Parceiro de Truco: Contra a Desconsideração da PJ para Responsabilização de Procurador de Sócio". Revista Direito GV, v. 8, p. 329, 2012.
_____, Bruno Meyorhof. *O Fim da Responsabilidade Limitada no Brasil: História, Direito e Economia*. São Paulo: Malheiros, 2014.
SAVIGNY. Friedrich Carl von Savigny. *System des heutigen römisehen Rechts*. Berlim, 1840 apud HAYEK, Friedrich von. *Os Fundamentos da Liberdade*. São Paulo: Visão, 1983.
SCHUMPETER, Joseph A., *Ten Great Economics: From Marx to Keynes*. New York: Oxford University Press, 1969 apud
_____, Joseph A. *The Theory of Economic Development*. Cambridge: Harvard University Press, 1934 apud KIRZNER, Israel M. *Competição e Atividade Empresarial*. São Paulo: Instituto Ludwig von Mises Brasil, 2012.
SILVA, Alexandre Alberto Teodoro da. *A desconsideração da personalidade jurídica no direito tributário*. São Paulo: Quartier Latin, 2007.
SILVA, Michel Ferro e. *O Projeto do Novo Código de Processo Civil e o Incidente de Desconsideração da Personalidade Jurídica. Execução e Cautelar*. Bahia: Juspodivm, 2012.
SMITH, Adam. *A riqueza das nações: investigação sobre sua natureza e suas causas*. São Paulo: Nova Cultural, 1996.

SOTO, Jesus Huerta de. *A Escola Austríaca*. São Paulo: Instituto Ludwig von Mises Brasil, 2010.

_____, Jesus Huerta de. "Empreendedorismo, eficiência dinâmica e ética". Disponível em http://www.mises.org.br/Article.aspx?id=1373. Acesso em 9.7.2014.

SZTAJN, Raquel. "Notas sobre o Conceito de Empresário e Empresa no Código Civil Brasileiro". Revista Pensar. Fortaleza, vol. 11, p. 192-202, 2006.

STEWART Jr., Donald. *A organização da sociedade segunda uma visão liberal*. Rio de Janeiro: Instituto Liberal, 1997.

_____, Donald. *A lógica da vida*. Rio de Janeiro: Instituto Liberal, 1999.

STRECK, Lênio. "O (Pós-) Positivismo e os Propalados Modelos de Juiz (Hércules, Júpiter E Hermes) – Dois Decálogos Necessários". Revista de Direitos e Garantias Fundamentais da Faculdade de Direito de Vitória. No. 7, 2010, jan/jun, p. 15-45.

TARUFFO, Michele. "Abuso de Direitos Processuais: Padrões Comparativos de Lealdade Processual (relatório geral)". Revista de Processo – REPRO 177. 2009.

TAVARES, José. *Sociedades e empresas comerciais*. 2ª ed. Coimbra: Coimbra, 1924.

TOCQUEVILLE, Alexis de. *Oeuvres I*. (Organizador, André Jardim, colaboração de F. Mélonio e L. Queffélec). Paris: Gallimard. Plêiade, 1991.

TOSI, Caroline Hammerschmidt Amaro. *Desconsideração da Personalidade Jurídica: um estudo analítico a partir da jurisprudência do Tribunal de Justiça do Estado do Paraná sob ótica da análise econômica do direito*. Curitiba: Banco de Teses e Dissertações da Pontifícia Universidade Católica do Paraná – PUC/PR, 2014.

ZANOTTI, Gabriel. *Introducción a la Escuela Austríaca de Economía*. Buenos Aires: Centro de Estúdios sobre la Liberdade, 1981.

Dados Internacionais de Catalogação
na Publicação (CIP)
(Câmara Brasileira do Livro, SP, Brasil)

Marinho, Saraiva Rodrigo.

A desconsideração da personalidade
jurídica na Justiça do Trabalho – uma nova
abordagem / Rodrigo Saraiva Marinho ;
prefácio Uinie Caminha. -- 1.
ed. -- São Luís,
MA : Resistência Cultural, 2015.

ISBN 978-85-66418-06-4

1. Direito – Economia 2. Ciência política

Índices para catálogo sistemático:
1. Direito 320.01

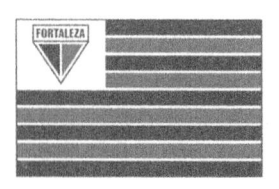

Este livro foi impresso na Expressão Gráfica para
a Livraria Resistência Cultural Editora
e o Instituto Mises Brasil
em maio de 2015.